KB270877

점프
Jump!

점프

지은이 민관식

초판 1쇄 발행 2011년 10월 20일 | **초판 11쇄 발행** 2018년 12월 10일

책임편집 김영미 | **북디자인** 엔드디자인

인쇄 미르인쇄

펴낸이 송성호 | **펴낸곳** 이상biz

출판등록 제313-2009-7호(2009년 1월 13일) | **주소** 서울특별시 마포구 성산동 217-6 2층

이메일 beditor@hanmail.net | **전화** 02-6082-2562 | **팩스** 02-3144-2562

ISBN 978-89-93690-08-8　13320

＊이상biz는 이상북스의 경제경영서 전문 브랜드입니다.

＊책값은 뒤표지에 표기되어 있습니다.

＊파본은 구입하신 서점에서 교환해 드립니다.

＊이 도서의 국립중앙도서관 출판시도서목록(CIP)은 e-CIP 홈페이지(http://www.nl.go.kr/cip/php)와 국가자료공동목록시스템(http://www.nl.go.kr/kolisnet)에서 이용할 수 있습니다. (CIP 제어번호:CIP2011004263)

점프
Jump!

나는 어떻게 하면 더 많은 사람들에게 꿈과 희망을 줄 수 있을까, 어떻게 하면 보다 많은 사람들이 더불어 사는 사회를 만들 수 있을까 고민해왔다. 특히 IMF 이후 세계적인 금융 위기와 재정 위기가 겹치면서 한치 앞도 예측할 수 없고, 기존 사회와 문화, 가치관에 변화를 넘어 변혁이 몰아치면서 많은 사람들이 꿈을 잃고 힘들어하는 모습에 안타까움을 느꼈다.

지난 16년 동안 나는 네트워크 마케팅을 하면서 많은 사람들과 함께 웃고 함께 울며 꿈과 희망을 키워왔다. 자본주의 세상에서 대부분의 사람들이 부자가 되고 싶어하고 성공하고 싶어하는 것은 당연한 욕구라고 할 수 있다. 그러나 대부분의 사람들이 그런 마음만 굴뚝같지 살아오던 습관대로 살아가며 자신의 사고방식과 행동방식을 좀처럼 바꾸려 하지 않는다.

지금 이 시대를 살아가는 우리에게 필요한 것은 학벌이나 배경, 인맥 혹은 화려한 스펙이 아니라 고정관념을 깨고 행동하는 용기와 열정이다. 그리고 꿈과 목표를 향해 신념을 가지고 흔들리지 않고 밀어붙이는 인내와 성실이 필요하다. 그 어느 때보다 우리에게는 미래에 대한 비전이 필요하다.

민관식은 참으로 향기 나는 사람이다. 각박한 세상에 어울릴 것 같지 않으면서도 그 누구보다 멋지게 사람들과 어울리는 그런 사람이다. 그의 손에는 항상 책이 들려 있고, 그 어떤 고민을 풀어놓아도 받아주고 들어주는 사람이다. 그는 이 세상에 비타민 같은 존재다.

그런 사람이 책을 썼다. 미래의 비전을 제시하는 최고의 기회에 대해 제대로 알리려는 소중한 내용의 책이다. 이 책은 저자가 지난 10여 년간 많은 마음공부를 하며 네트워크 마케팅 사업을 하는 동안 깨달은, 고정관념에 빠진 사람들의 마음의 문을 여는 데 필요하다고 생각되는 내용을 담았다.

이 책은 당신에게 가장 지혜롭고 효율적인 시스템과 정북 방향을 가리키는 나침반 역할을 해줄 것이다.

김우종 & 홍인희

나이가 들수록 산다는 것이 만만치 않다. 나뿐 아니라 모두가 힘들어 한다. 현실도 암담하지만 아무런 대안이 없기에 미래가 더욱 암담하다.

우리의 현실이 이렇게 된 것은 개인의 문제도 있고 제도의 문제도 있다. 우리는 개인 삶의 질을 높이기 위해 노력해야 함은 물론 공존의 미덕이 있는 사회를 만들기 위해 노력해야 한다.

결과를 바꾸려면 원인을 바꿔야 한다. 하던 일을 그대로 해서는 다른 결과를 얻을 수 없다.

현재의 삶이 힘겹고 미래가 불안하다면 또 다른 대안으로 네트워크 마케팅에 대해 알아보라. 암담한 현실에서 새로운 삶으로 점핑할 수 있을 것이다.

　세상에는 성공에 대한 책, 부자가 되는 책이 넘쳐난다. 하지만 정직하고 건강한 성공, 더불어 성공하는 법을 소개한 책은 찾아보기 힘들다. 네트워크 마케팅에서 성공이란 많은 점에서 다르다. 네트워크 마케팅 소득은 근로소득이 아니라 연금과 같은 자산소득이다. 또한 윈-윈 비즈니스이기 때문에 건강한 공동체를 만든다. 자본이 들지 않아 리스크가 없는 사업이고, 새로운 일자리를 창출하기에 국가적으로도 적극 권장해야 하는 드림 비즈니스다.
　이런 네트워크 마케팅 소득의 특성 덕분에 나는 개인적으로도 네트워크 마케팅을 통해 얻은 시간과 소득으로 꿈꾸던 일을 하고 있다.

　나는 학자도 아니고 전문가도 아니다. 이 책은 현장에서 겪고 익힌 경험을 바탕으로 이야기하듯 써내려갔다. 다시 읽어보니 거칠게 서술된 면이 없지 않다. 우리 사회가 이렇게 척박한 모습으로 변하기도 했고, 보통 사람들이 살 맛 나는 삶을 살게 되기를 바라는 필자의 안타까움이 그렇게 거칠게 표현된 것으로 이해해주면 감사하겠다. 부족함이 많을 것이다. 조금 더 알아보고자 한다면 학자나 전문가들이 저술한 다른 책들로 보완하면 좋을 것이다.

책이 나오도록 도움을 주신 김우종, 홍인희 님과 김현종 님께 감사드린다. 많은 존재들의 자유와 행복, 이익과 번영을 위해 이 책을 바친다. 행복하소서!

서울 동쪽 끝자락에서 법산 민관식

부록

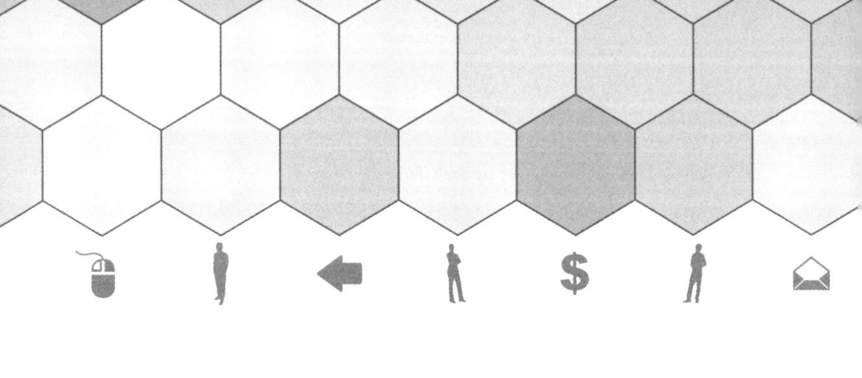

PART 1

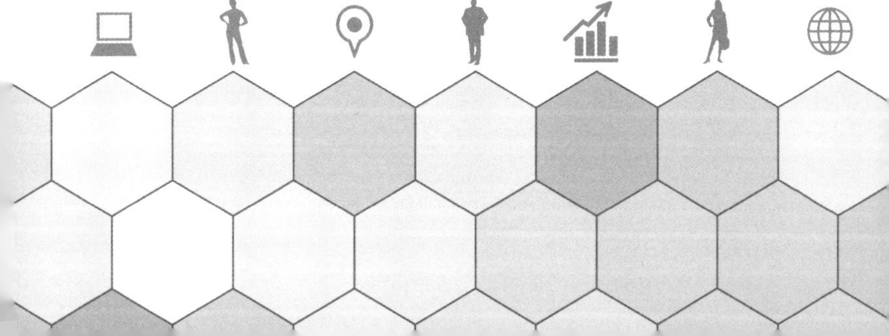

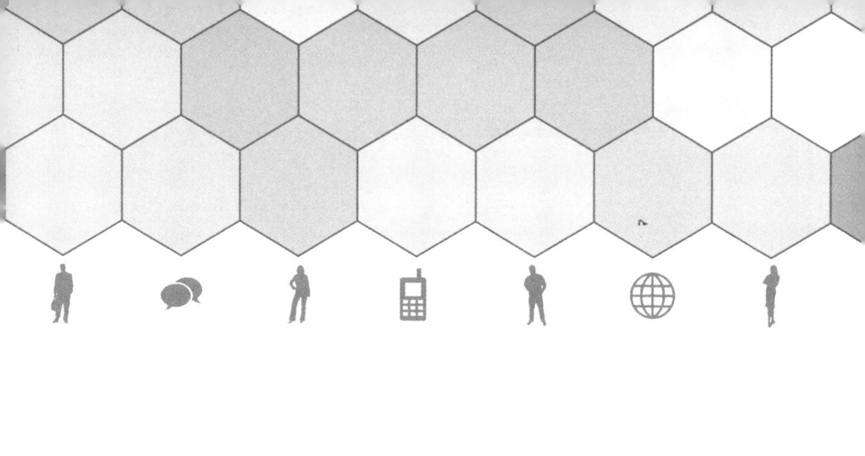

길은 어디에

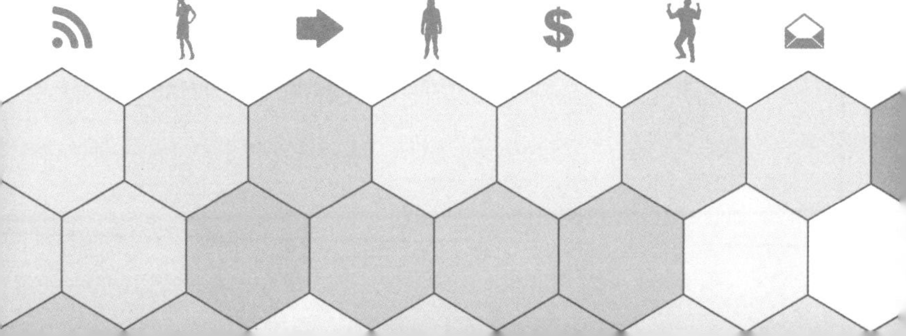

자전거 타기

자전거를 타본 사람이라면 누구나 이런 경험이 있을 것이다. 처음 자전거를 탈 때는 누군가 뒤에서 잡아준다. 잡아주고 있던 손을 살짝 놓아도 혼자 저만큼 달려 나간다. 그러다가 어느 순간 잡아주고 있던 손이 없어진 것을 알게 되면 바로 비틀대다가 중심을 잃고 넘어진다. 넘어질 때 위험한 곳이라고 생각되는 방향으로 넘어진다. 넘어질 때 두려움을 느끼면서 바라보는 방향으로 넘어지기 때문이다.

자전거를 탈 때와 마찬가지로, 내 삶을 지탱해주던 것이 사라져버리면, 바로 그때 사고가 난다. 삶이 원하지 않는 곳으로 향한다. 앞을 보면서도 자전거가 넘어지듯, 우리 삶도 마찬가지다.

당신은 지금 무엇을 보고 있는가? 희망인가, 절망인가? 당신의 삶은 당신이 보는 대로 움직인다. 오늘 당신은 자신의 삶에 만족하는가? 그렇지 않다면, 내일의 삶은 만족할 수 있겠는가?

포드자동차 창업자 헨리 포드가 자동차를 대량생산하겠다고 발표했을 때, 모두가 그 말을 믿지 않았다. 마이크로소프트의 창업자 빌 게이츠가 모든 사람들이 개인용 컴퓨터pc를 가질 것이라고 말했을 때, 컴퓨터 전문가들조차 현실성 없는 몽상이라며 비웃었다. 하지만 그들은 꿈을 향해 나아갔다.

아무도 자동차에 주목하지 않았을 때, 당신이 자동차 산업의 미래를 예측하고 자동차 주식에 투자했다면 어떤 일이 일어났을까? 누구도 개인용 컴퓨터에 주목하지 않았을 때, 개인용 컴퓨터 회사에 당신이 투자했다면 당신 인생에는 엄청난 일이 일어났을 것이다.

돈이 있는 곳에 기회가 있다.

현재 돈의 흐름은 어디에 있을까? 전 세계 재화의 40퍼센트 이상이 미용beauty과 건강health 분야에 있다. 사람들이 주목하지 않는, 그러나 잠재력이 무궁무진한 미용과 건강 분야를 탑재한 네트워크 비지니스에 지금 당신이 시간과 열정을 투자한다면, 자동차나 개인용 컴퓨터에 투자한 것보다 더욱 큰 기회를 얻게 될 것이다. 당신의 남다른 안목으로 새로운 미래를 보라.

01 중산층이 무너진다

"당신은 중산층입니까?"라는 물음에 대다수의 사람들이 "그렇다"고 대답한다. 그들은 정말 중산층일까? 현재 중산층이라고 하더라도 언제까지 신분을 유지할 수 있을까?

중산층이 무너진다고 대중매체에서 수도 없이 보도한다. 중산층인 당신의 기분이 어떤가? 인정하기 싫지만 내 능력 밖의 일이니 어쩔 수 없는 일인가?

유지하거나 부자가 되는 길은 정말 어려운 것인가? 사람들은 부자를 꿈꾼다. 부자가 되는 것은 고사하고 중산층도 유지 못한다니 무엇을 어떻게 해야 할까? 중산층의 몰락은 급

변하는 사회의 트렌드라 한다. 대다수의 사람들은 급변하는 사회에서 변화를 따르지 못해 전전긍긍하지만 변화의 물결을 타고 기회를 잡는 사람들도 있다. 변화에 당할 것인지, 변화를 주도할 것인지 선택해야 한다.

'중산층이 무너진다'는 말은 스스로 중산층이라고 생각하는 사람들이 현재의 방식으로 산다면 대부분 빈민층으로 추락한다는 뜻이다. 그렇다면 어떻게 해야 할까?

빈민층으로 추락하지 않기 위해서는 새로운 사고와 행동이 요구된다. 우리의 삶도 변화의 페달을 밟지 않으면 현상 유지는커녕 결국 추락하고 만다. 변화는 더 이상 선택의 문제가 아니다.

지금은 변화가 요구되는 시대다. 당신의 변화와 선택에 네트워크 마케팅이 좋은 계기가 될 수 있다.

〔그림1〕에서 A는 과거 사회의 모습인 항아리형 구조다. 중산층이 사회의 골격을 이루고 있다. 중산층이 무너지는 사회는 B다. 낳은 수의 중산증이 빈민층으로 이동한다. C는 사회학자들이 보는 새로운 사회구조로, 자본가와 자본가의 주식 배당금을 보장해 주는 전문경영인, 자본가의 이익을 정책에 반영해 주는 국가 고급 관료들이 상부 구조를 이루고 나

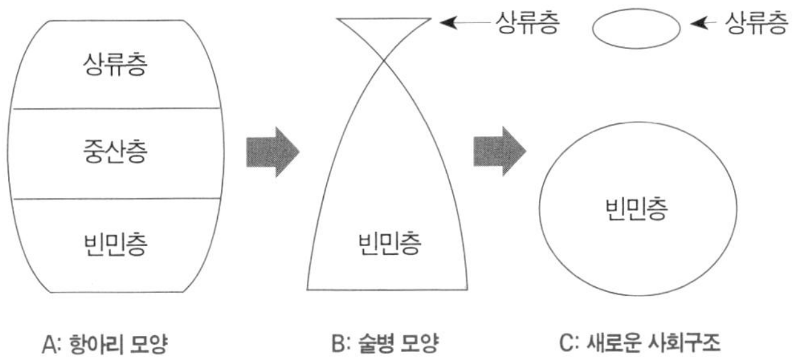

머지 국민 모두는 빈민층이다. C를 보면 극소수의 고급 관료와 전문 CEO를 제외한 절대 다수는 상류층으로 가는 길이 아예 없다. 과거에는 신분이 세습되었고, 현대는 부가 세습되는 것이다.

국가 관료나 정치인들은 항상 장밋빛 청사진을 제시한다. 경제가 아무리 어려워도 다 잘될 것이라고 한다. 그들은 "그것이 새로운 패러다임이다"라고 말하지 않는다. '중산층이 무너진다'는 말은 상류층이 되기 위한 남다른 방법이나 특단의 대책 없이 하던 대로 해서는 현재의 중산층들이 조만간 빈민층으로 전락한다는 뜻이다.

지금 선진국이 된 나라들은 예외 없이 보호무역으로 자국의 경제를 탄탄하게 했다. 그리고 후발 국가들에게는 자유무역을 요구한다. 미국을 비롯한 선진국들은 언론과 학자들을 통해 대중들에게 자본과 물류, 사람이 국경 없이 흘러야 한다는 노마디즘을 학습시켰다. 그것이 세계 경제를 활성하시키는 유일한 길인 것처럼 말하고, 노마디즘이야말로 모두를 위하는 최선의 방법인 것처럼 포장했다. 노마디즘을 바탕으로 미국과 FTA를 체결한 중남미 국가들은 모두 몰락했다. 우리도 EU와 FTA를 체결한 후 수출이 1/3로 줄었다. 선진국들은 신자유주의로 이론 무장하고, 금융과 산업 기반이 취약해 자유무역에 경쟁력이 없는 개발도상국과 제3세계 국가들에게는 자유무역을 받아들이게 한다. 신자유주의는 세계 금융 위기와 무관하지 않다.

반면 경제학자들은 '사회 패러다임이 변하고 중산층이 무너진다.' 또 그것은 '시대의 패러다임이고 세계적 현상이니 당연히 받아들여야 한다'고 끊임없이 주장한다.

중산층의 몰락이 세계적 현상이며 거부 못할 시대적 트렌드라는 학설과 언론에 길들여진 중산층은 빈민층으로 전락

인간은 사회적 동물이다. 최소한의 생물학적 문제가 해결되
고 나면, 주위 사람과의 상대적 비교를 통해 행·불행을 느
낀다. 그래서 나뿐 아니라 주변 사람 모두가 불행하다고 생
각할 때는 '다 그렇게 사니까' 하며 스스로를 위로한다.
자신의 삶이 힘들게 된 원인에 대해 깊은 성찰 없이 그냥 현
실을 받아들이는 것이다. 이것을 착시현상이라고 한다. 우리
는 원리는 보려 하지 않고 눈에 드러나는 현상만 보려 한다.

해도 자신의 현실을 순순히 받아들이게 된다.

중간층의 몰락은 한국 사회에서 급속한 '현재 진행형'이다.
세계적 금융 위기 속에서도 우리나라의 기업들은 단군 이래
최고 호황을 누리고 있다. 하지만 고용시장은 노동유연성이
라는 미명 아래 비정규직이 600만 명이 넘는 기이한 구조를
가지고 있다. 창원에 있는 모 대형 마트는 정규직이 세 명이
라고 한다. 평범한 사람들은 삶의 질에 대해서는 생각도 못
한다. 생존조차 어렵기 때문이다.

현재 우리 사회 중산층은 '임금과 세금', '임금과 물가', '주
택 문제', '자녀교육과 노후 준비'라는 문제를 이고 지고 간

다. 다음 장에서는 이 다섯 가지 문제에 대해 차례대로 살펴
보려고 한다.

첫째, 걷는 임금 vs 뛰는 세금

둘째, 기는 소득 vs 나는 물가

셋째, 자녀, 기쁨인가 부채인가?

넷째, 내 집 마련은 신화인가?

다섯째, 살아온 날보다 암담한 살아갈 날들

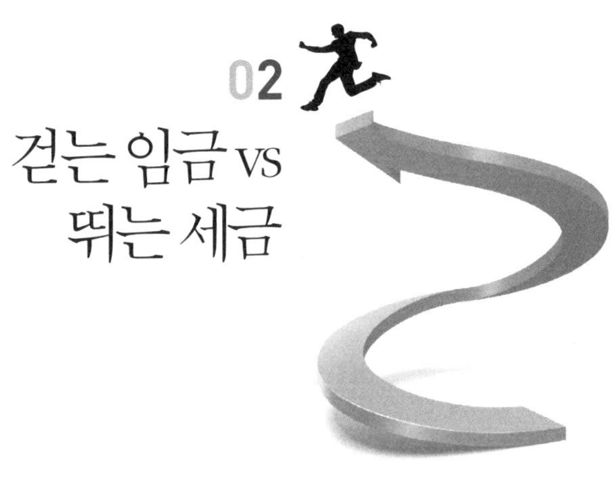

02 걷는 임금 vs 뛰는 세금

급여명세서를 들여다보라. 기본급에서 먼저 갑근세, 주민세, 고용보험, 건강보험, 연금보험 등 많은 항목이 차감되어 있을 것이다. 언제나 세금이 먼저 차감되고 그 나머지가 통장에 입금된다. 게다가 임금은 걷고 세금은 뛴다.

알라딘이 마술램프를 쓰다듬자 램프의 요정 지니가 나타나 이렇게 말했다.

"주인님, 소원을 말하세요. 뭐든 들어드리겠습니다."

알라딘이 대한민국에 살았다면 아마도 이렇게 말할 것이다.

"집을 한 채 사고 싶으니, 20억 원쯤 필요하겠다."

지니는 사라졌다 금세 나타나 알라딘에게 돈이 든 봉투를 건넸다. 봉투를 받은 알라딘은 설레는 마음으로 열어보았다. 하지만 봉투에는 20억 원이 아닌 10억 원이 들어 있었다.

"나는 분명 20억 원을 말했는데 왜 10억 원밖에 안 들어 있지?"

그러자 지니는 이렇게 대답했다.

"주인님, 20억 중 10억은 나라의 몫인 세금으로 떼였습니다!"

세금은 한없이 뛰는데 복지는 갈수록 줄어든다. 기득권층은 복지를 확충하자고 하면 포퓰리즘이라고 하고 나라가 망한다고 한다.

우리나라는 OECD 국가 중 복지 기금이 하위권이다.

국민 복지 기금이 상위권에 있는 북유럽 국가들은 망하기는커녕 잘살고 있다.

기는 소득 vs 나는 물가

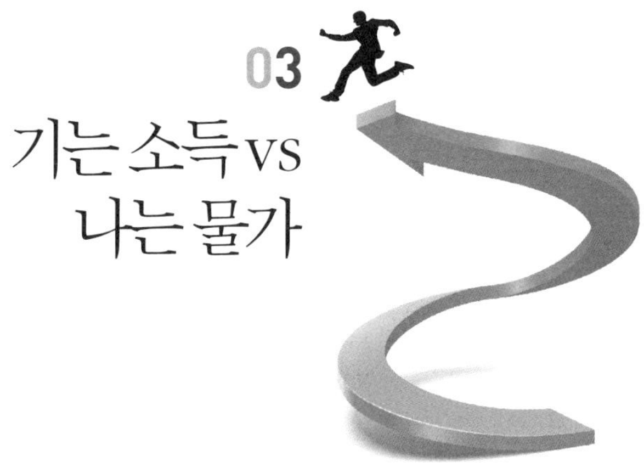

03

경제학 용어 중에 '72법칙'이라는 것이 있다. 물가가 7.2년에 두 배씩 오른다는 것이다. 요즘 추세면 7.2년보다 몇 배 빠르다. 물가에 비해 소득은 더디게 오르고, 소득이 오른다 해도 물가 인상폭을 따라잡지 못한다. 소득은 기어가고 물가는 날아간다.

나는 물가를 따라잡지 못해 삶의 질이 떨어지면 국가는 금리를 인하해 대출을 장려하여 소비를 진작하는 정책을 편다. 돈이 없는 서민들은 저렴한 이자에 쉽게 돈을 빌려, 그것으로 집도 사고 차도 사고, 가전제품도 사고 여행을 떠난다.

그러나 여기에는 함정이 있다. 서민들은 싼 이자의 유혹과 카드 할부 등으로 인해 자신도 모르게 점점 빚이 쌓여가는

경마나 경륜, 도박판에 가보면, 돈을 잃기도 하고 따기도 하지만 결산해 보면 돈 버는 쪽은 시설을 운영하는 쪽이다. 주택복권이나 로또 또한 마찬가지다. 많은 국민들이 마약과 같은 사행성 소득인 로또, 경륜, 경마, 경정, 스포츠 복권 등에 몰려 인생을 망친다. 물론 합법적 시설이다. 그런 사업을 왜 국가가 허가해줄까? 이상하지 않은가? 아주 작게 출발한 근대 국가는 전쟁을 거치며 세금을 폭발적으로 늘렸다. 점점 세금 명목이 늘고 세수가 늘어나는 것에 비례해 국가는 점점 부유해지고 국민은 점점 가난해진다. 농협은 점점 규모를 확장하고 있는데 대다수의 농민들은 농협에 빚을 지고 있다. 카드사와 금융기관은 비대해지는데 대다수의 국민들은 빚에 허덕인다. 원인에 대한 분석은 다양하겠지만 결과가 이러하다. 모든 나라가 비슷한 과정을 거쳐가며 다수 대중의 삶이 피폐해졌다면 구조에 문제가 있지 않을까? 2011년 현재, 국가 부채가 발표된 금액만 900조니 된다. 노인과 어린이, 학생 등의 비경제활동 인구를 제하고 나서 나머지 국민이 900조의 부채를 갚아야 한다. 우리는 돈을 빌리지도 않았고 사업을 해서 망하지도 않았는데 어마어마한 부채가 있다.

것을 모른다.

제조업체들은 앞 다투어 캐피털 회사를 만들어 본업인 제조업보다 쉽게 돈을 버는 금융업에 매진하니 국가 경제 기반이 취약해진다. 서민들은 나는 물가, 뛰는 세금, 금융 이자에 허덕인다. 주위를 돌아보라. 빚 없는 사람이 얼마나 될까?

소득이 내 주머니에 들어오기도 전에 세금국가이 빠져나가고, 은행 이자와 카드 수수료를 내면 남는 게 없다. 세금, 물가, 은행, 카드회사, 이 네 가지 지뢰를 피해가는 사람은 거의 없다. 이것이 현재 우리의 삶이다.

'빚을 지지 않으면 되지'라고 하는 사람도 있을 것이다. 그러나 그것은 정말로 생각일 뿐, 현실을 바로 보자. 옳고 그름을 따지자는 것이 아니다. 온 국민이 빚쟁이라는 현실을 보자는 것이다.

04 자녀, 기쁨인가 부채인가

증권을 하면 빨리 망하고 자식이 예·체능을 하면 천천히 망한다는 말이 있다. 한국에서 남 보기에 좋은 직장에 취업을 하려면 얼마나 많은 스펙을 쌓아야 할까? 또 그 많은 스펙을 쌓기 위해 얼마나 많은 돈과 시간을 들여야 할까? 공부를 잘하면 좋은 대학(?)을 가고 좋은 대학을 나오면 좋은 직장(?)에 취직을 해서 미래가 보상될 거라는 신화(?)는 아직도 공고하다.

그러나 현실은 다르다. 대학에 입학하면서부터 아무리 열심히 공부하고 준비해도 취업은 바늘구멍이다. 설사 취업이 되었다 하더라도 직장생활 10년을 보장받기 어렵다.

교육비가 얼마나 필요할까? 자녀를 대학까지 졸업시키는 데 평균 2억 6200만 원 가량(2009년 현재, 1년 등록금만 1000만 원 시대다. 반값 등록금 실현을 위해 물가를 두 배로 올린다는 슬픈 루머도 있다.) 소요된다. 자녀가 둘이면 5억 2400만 원, 셋이면 7억 8600만 원이 든다. 자녀들이 결혼을 하게 되면 집도 장만해줘야 한다고 생각하는 것이 요즘 우리네 정서다.

그때까지 지속적인 소득이 있었으면 좋겠다. 출근할 직장이 있어야 하고, 병이 들어도 안 되며, 보증을 잘못 서거나 투자 실수도 하면 안 된다. 모든 게 탈 없이 잘 진행되더라도, 자녀를 공부시키고 혼사까지 치르고 나면 내 수중에 얼마나 남게 될까?

그때 내 나이는 얼마이고, 죽음까지 몇 년이 남아 있을까?

05 내 집 마련은 신화인가

정부와 기업인이 합의한 근로자 최저임금이 얼마 전 발표됐다. 발표된 최저임금을 11년 11개월 동안 한푼도 쓰지 않고 모아야 서울에 있는 18평 아파트의 전세금 정도가 된다고 한다. 11년 11개월 동안 입지도 먹지도 않고 세금도 내지 않고 숨만 쉬고 일만 해서 한푼도 쓰지 않고 모은다 해도, 그때 전세값이 그대로일까? 두 배 이상 뛰는 것은 불 보듯 뻔한 일이다. 대체 저 많은 집들의 주인은 누구일까?

입사 3년차 직장인들의 저축 상태를 알아보니, 그중 절반 정도가 천정부지로 뛰는 생활비와 학자금 융자의 이자를 갚느라 제대로 저축을 하지 못한다고 한다. 그래서 젊고 혈기 왕성한 나이에 연애, 결혼, 출산을 포기한다는 뜻의 '삼포족'이란 말이 유행한다고 한다.

취업의 바늘구멍을 뚫고 결혼을 하면 집 장만을 해야 한다. 학자금을 갚고 나면 주택융자금이 기다리고 있다. 샐러리맨이 부모님 도움 없이 집 장만을 한다는 것이 과연 쉬운 일일까?

주택 융자로 집 장만을 하고 나서는 융자금을 갚느라 온종일 집을 비워둔 채 이리저리 뛰어 다닌다. 도대체 나를 위해 집을 사는 것일까, 집을 위해 내가 사는 것일까?

06 살아온 날보다 암담한 살아갈 날들

　신자유주의는 서로 돌보지 않는 것이 당연한, 차가운 사회다. 국가 간에도 마찬가지다.

　헤비급 선수와 핀급 선수가 복싱 경기를 한다. 헤비급 선수는 두 손을 자유롭게 쓰고 핀급 선수는 한 손을 묶인 채 링에 오른다. 두 선수에게는 동일한 룰이 적용된다. 같은 시간이 주어지고, 같은 심판이 경기를 진행한다. 겉으로 드러난 규칙은 공평한 듯하다.

　국가 간 무역에도 각각의 나라 여건은 고려되지 않은 채 같은 룰이 적용된다. 신자유주의를 진두지휘해온 세계은행 총

재 버냉키마저 얼마 전 "신자유주의가 세계경제를 위기로 몰아넣었고 세계인의 삶을 힘겹게 만들었다"고 고백했다. 하지만 우리는 아직도 신자유주의의 환상에서 깨어나지 못하고 있다.

전 국민이 지난 5, 60년간 모든 것을 미뤄 두고 부유한 국가 건설에 매달려 이제 '세계 8대 무역 대국'이라고 매스컴에서는 떠든다. 자랑스러운 한국에 사는 오늘의 우리는 학자금과 주택마련 자금을 마련하기 위해 숨이 턱에 닿도록 일을 해야 하고, 의료비도 상당 부분 본인이 부담해야 한다.

안타깝게도 우리는 많은 세금을 내고 있지만 주택, 의료, 교육은 말할 것도 없고 노년도 스스로 해결해야 하는 나 홀로 복지사회에 살고 있다.

현재 40대의 기대수명은 90세 이상이다. 일하는 기간보다 더 긴 노년이 기다리고 있는 것이다. 주택, 자녀, 세금, 물가를 극복하고 은퇴할 때 과연 얼마를 손에 쥘 수 있을까?

현재 금리로 1억을 예금했다면 매달 30만 원의 이자를 받을 수 있고, 2억을 예금했다면 60만 원의 이자소득을 가질 수 있다. 은퇴 후 노부부가 도시에서 생활하려면 200만 원은 기본으로 있어야 한다.

쿠바 헌법에 의하면 쿠바 영토 안에 있는 사람은 국적, 나이, 성별, 종교, 이념에 관계없이 누구나 국가에 치료를 요구할 권리가 있다. 또 국가는 치료해줄 의무가 있다. 쿠바의 생존을 압박하는 미국의 국민이라도 쿠바에 체류하고 있을 때는 어떤 병이 걸렸든, 치료비가 얼마가 들든 무료다.

마이클 무어 감독의 〈식코Sicko〉를 보라. 이 영화는 국가의 존재 목적을 다시 생각하게 한다. 북유럽 얘기가 아니다. 우리보다 수십 배나 가난한 나라 쿠바의 의료 시스템이다. 쿠바에는 학비, 교재비, 기숙사비, 식비가 무료이고 용돈까지 주는 무료 의과 대학이 있다. 쿠바에 있는 무료 의과 대학 출신 의사들이 전 세계 곳곳에서 의료 봉사를 하고 있다. 선진국의 기준을 어디에 두어야 할까? 한국의 반야라마에서 2020년 개교를 목표로 무료 의과 대학을 준비하고 있다.

여러 문제가 있겠지만 자식과 떨어져 홀로 사는 노인이 2010년 현재 70퍼센트, 2020년에는 90퍼센트가 될 것이라 한다. 우리들의 노년은 자신도 감당하지 못할 뿐 아니라 자녀와 사회에 오히려 짐이 될지도 모른다.

누가 이런 노년을 기다리겠는가! 자식들은 부모 봉양이 싫

어서가 아니라 맞벌이를 해도 자기 가족의 삶을 유지하기에 급급하다.

최근 연금복권 열풍이 불고 있다. 연금복권이 각광받는 이유는 당첨금이 연금 방식으로 지불되고 확률이 로또보다 높기 때문이다.

로또 당첨 확률은 아침에 벼락 맞은 사람이 저녁에 또 벼락 맞을 확률보다 낮다. 814만 분의 1이다. 연금복권의 당첨 확률은 로또 당첨 확률의 절반이다. 평생을 열심히 살고 자신의 노년을 400만 분의 1의 확률에 기대는 열풍이 오늘날 대한민국의 서글픈 자화상이다.

우리는 노년을 맨몸으로 맞서야 한다.

무언가를 위해 자신을 불태울 날이 얼마나 남았는가? 성공하고 실패하고를 떠나 자신을 불태울 날이 얼마나 남았는가?

무언가에 도전해서 실패한 것이 아쉬운 것이 아니라 평생 한번도 시도조차 하지 못한 것이 아쉬울 수 있다.

안도현 시인이 말했다.

"연탄재 함부로 발로 차지 마라. 너는 누구에게 한 번이라도 뜨거운 사람이었느냐?"

당신의 노년은 준비되었는가?

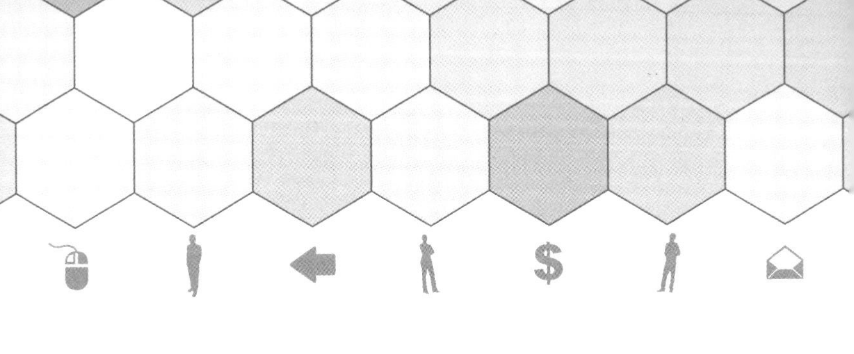

PART 2

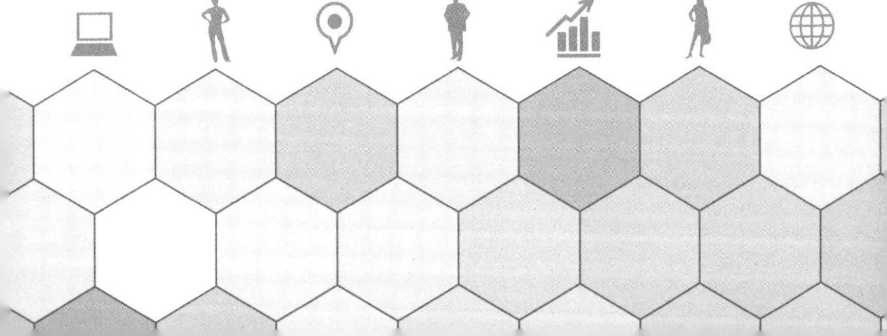

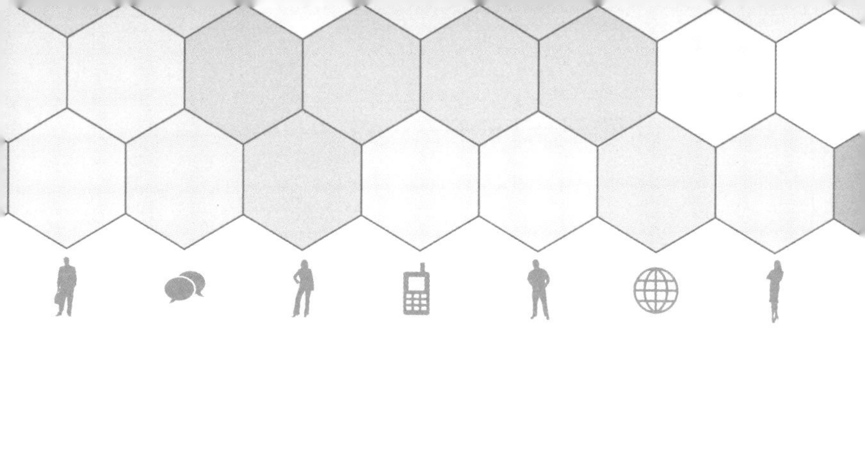

네트워크 마케팅에서 길 찾기

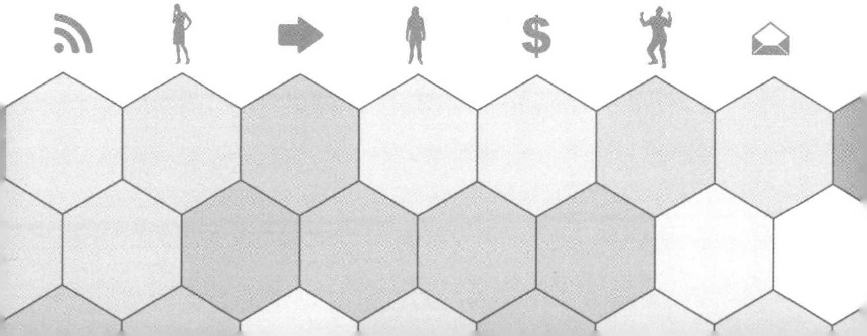

퍼즐
맞추기

퍼즐을 맞춰본 적이 있는가? 원 그림을 보지 않고 퍼즐을 맞춘다면 어떨까? 그림이 조금만 복잡해도 불가능에 가까울 것이다.

사회라는 커다란 퍼즐의 원판을 보고 나서 개인의 퍼즐을 맞춰야 한다. 퍼즐은 유기적인 관계가 있기 때문이다.

우리의 삶이 이렇게 팍팍해진 이유에 대한 분석과 처방은 매우 다양하다. 문제는 당사자인 우리가 우리의 삶이 팍팍해진 이유를 제대로 알지 못한다는 것이다. 우리만 빼고 자칭 전문가들끼리는 분석도 하고 처방도 내린다.

경제가 불황에 빠진다는 기사를 보면, 우리는 막연히 불안해진다. 물가가 오른다고 짜증을 내지만 왜 경제공황이 일어나고 물가가 오르는지, 지금 시점에 왜 이런 보도가 나오는지 알 수 없다. 아무리 현상이 복잡하더라도 현상을 관통하는 원리가 있을 텐데,

그 원리를 아는 사람은 거의 없다. 이유가 뭘까? 원리가 너무 복잡해서 알려줘도 모르는 것일까? 아니면 일부만 알고 나머지는 모르게 쉬쉬 하는 것일까? 모를 일이다.

〈자본주의〉라는 다큐멘터리를 봤다. 세계 경제공황 직후에 제작된 것으로, 경제공황을 일으킨 파생상품에 대한 내용이 포함되어 있었다. 다큐멘터리에는 파생상품이 무엇인지 일반인들이 이해하기 쉽게 설명해 달라고 요청하는 장면이 나왔다. 파생상품을 팔았던 월가의 부사장이 이렇게 저렇게 설명해 보더니 도저히 설명 못하겠다고 두 손을 젓는다. 자기도 제대로 설명하지 못하는 상품을 어떻게 팔았는지 신기한 일이다.

하버드 대학교 경제학 교수에게 파생상품에 대해 쉽게 설명해 달라고 하니, 저명한 교수님도 설명을 못한다. 대신 그는 파생상품을 산출하는 공식을 보여주었다. 커다란 칠판 가득히 채울 정도의 온갖 복잡한 수학 기호가 가득했다. 왜 이렇게 공식이 복잡한지, 꼭 이렇게 복잡해야만 하는지를 물었다. 그의 대답이 걸작이다. 이렇게 공식을 복잡하게 만들어야 자신들만 알아본단다. 혹 문제가 발생해도 법관들이 알아볼 수 없어야 법적 책임을 피할 수 있기에 복잡하게 만들었다는 것이다. 경제 이론을 만드는

학자와 실물을 이끌고 가는 월가 증권사 중역의 대답이다.

그들이 세계 경제를 좌지우지했고, 그들이 한몫 단단히 챙기고 떠난 자리를 우리가 설거지한다.

저명한 교수님과 훌륭한 국가 정책을 믿고 따르다가 문득 정신 차려 보니 이 모양이다. 분명히 내 인생이고 내 삶인데 내가 할 수 있는 일이 거의 없다. 원인을 알든 모르든 삶이 힘든 것은 내가 내 삶의 '통제권'을 잃었기 때문이다.

'당신의 삶이 팍팍한 것은 누구의 잘못도 아니다. 단지 시대의 트렌드이고 누구도 피해갈 수 없는 세계적 현상이니 감수하라'고 언론에서는 연일 떠들어댄다.

그렇다 하더라도 뭔가 방법이 있지 않을까? 아무리 어렵고 복잡한 문제라도 답이 있다면 위로가 된다. 어두운 밤바다에 희미한 등대가 희망이 되듯, 지금의 절망적 어려움에 답을 제시할 수 있다면, 삶이 희망적일 것이다.

국가 이데올리기와 경제 정책의 문제는 뒤로 살짝 밀어 놓자. 당신이 열심히 살지 않아서 힘이 든 것만은 아닐 것이다. 그렇다면 방향과 선택의 문제가 아니었을까? 로버트 기요사키의 말대로 우리는 질 수밖에 없는 삶의 방식을 고수하고 있는 것이 아닐까?

과소비를 하자는 것이 아니다. 단지 집 한 칸 장만하고, 아이들 가르치고, 부모님 용돈 조금 드리고 싶을 뿐인데, 돈이 항상 모자란다. 세계 8대 경제 대국이라고 자랑하지만 평범한 사람들은 중·소형 아파트 한 채도 장만하기 어렵다. 그렇다면 현재 수입 외에 다른 수입원이 필요하지 않을까?

네트워크 마케팅을 아는가?

"네트워크 마케팅? 큰일 나?"

이렇게 말하는 사람들도 분명 있을 것이다. 하지만 이렇게 반문하는 사람들은 네트워크 마케팅의 본질에 대해 정확한 정보를 듣거나 공부해 본 적이 없는 사람들이다. 이런 사람들은 정보가 늦어도 한참 늦은 사람이다.

네트워크 마케팅은 선진국에서 증권이나 부동산보다 각광받는 사업이며 이미 시대의 트렌드다. 실제로 미국 등 선진국에서는 10여 년 전부터 증권이나 부동산으로 백만장자가 되는 사람보다 네트워크 마케딩 사업으로 백만장사가 되는 사람이 많다. 또한 이미 오래전에 우리나라 대학과 대학원에도 네트워크 마케팅학과 강의가 개설되었다.

소비가 자산이 되는 네트워크 마케팅

01

네트워크 비즈니스는 자산소득을 만든다. 판매가 아닌 소비를 통해 매달 나오는 자산소득을 만든다.

우리는 일을 해서 돈을 벌어야 한다. 매일 매일 불요불급한 소비와 지출을 먼저 하고, 돈이 남으면 미래를 위해 저축을 해야 하기 때문이다. 그래서 다음과 같은 공식이 성립한다.

일(소득) = 소비 + 저축

학교에서 배운 공식이다. 문제는 앞서 설명했듯이 항상 소비가 소득을 앞선다는 것이다. 소득이 적다고 일을 안 할 수는 없다. 소비와 소득의 차이를 메우기 위해 어떤 사람들은 투잡two job을 넘어 쓰리잡three job까지 한다.

소비가 소득을 넘어서는 어려움을 해결하려면 어떻게 해야 할까? 첫째, 소비를 줄이거나 둘째, 소득을 늘이는 방법이 있다. 당신은 소비를 줄일 것인가, 소득을 늘릴 것인가? 아래 공식을 보자.

$$Y_{(소득)} = A_{(시간당\ 임금)} \times X_{(근무시간)}$$

여기에서 Y는 소득, A는 시간당 임금, X는 근무시간을 뜻한다. 소득을 늘리려면 또 다른 일을 하거나, 근무시간을 늘리거나, 시간당 임금이 높은 직업을 가져야 한다. 흔히 자녀들에게 '공부 열심히 하라'는 것은 대개 A인 시간당 임금이 높은 직업을 갖게 하기 위함이다.

그러나 의사나 회계사 등 시간당 임금이 높은 사람일지라도 언젠가는 은퇴를 해야 하고 은퇴를 해서 일을 하지 않으면 소득이 제로가 된다. 그때를 대비해 연금과 같은 자산소득이 필요하다. 자산소득이 없다면 고소득자라도 은퇴 이후 준비를 위해 일하는 시간을 늘려야 한다. 일하는 시간을 늘리면 소득이 증가한다.

요즘처럼 사회가 불안할 때는 시간당 임금이 높든 낮든 그나마 일이라도 할 수 있으면 행복한 사람이다. 일은 할 수도 있고, 안 할 수도 있고, 못할 수도 있지만, 소비는 살아 있는 한 지속적으로 해야만 한다.

만약 누구나 할 수밖에 없는 소비를 통해 소득이 생긴다면 어떨까? 판매가 아닌 누구나 해야만 하는 소비가 소득이 된다면 굉장한 기회가 될 것이다.

이것이 앨빈 토플러Alvin Toffler가 말한 프로슈머prosumer 개념이다. 생산자 프로듀서producer와 소비자 컨슈머consumer의 합성어로, 소비를 통해 소득을 창출하는 생산적 소비자를 말한다.

프로슈머가 되려면 무엇보다 먼저 당신이 소비하거나 유통하고자 하는 제품이 품질 대비 가격 경쟁이 되는지 먼저 확인하는 것이 가장 중요하다.

02

돈으로 돌려주는 포인트

A	제품으로 돌려줌	나의 소비액만 돌려줌
B	돈으로 돌려줌	나의 소비액+내가 소개한 사람의 소비액을 돌려줌

A와 B 중 당신은 어느 회사의 제품 혹은 서비스를 이용하겠는가? 당연히 B사를 이용할 것이다. 필요에 의해 어차피 사용하는 제품 혹은 서비스라면, 같은 조건일 경우 포인트를 제품이 아닌 돈으로 돌려주는 회사를 선호할 것이다. 더구나 B사의 제품 혹은 서비스가 품질 대비 가격 경쟁력이 좋다면 더더욱 B사를 선호할 것이다.

네트워크 마케팅 제품의 장점은 다음과 같다.

1. 구매 포인트를 물건으로 돌려주는 게 아니라 돈으로 돌려준다.

2. 제품들은 매일 소비되는 생활필수품이다.

3. 내가 소비하는 제품의 포인트에 내가 소개한 사람이 소비하는 제품의 포인트까지 합산해서 돈으로 돌려준다.

4. 소비자는 간편하게 집에서 쇼핑한다.

5. 제품의 품질 대비 가격 경쟁력이 좋다면 소비자는 반복구매한다.

포인트를 돈으로 돌려주고, 집에서 쇼핑할 수 있고, 당신의 소개로 제품을 구매한 소비자의 포인트까지 합산해 돈이 되는 비즈니스가 바로 네트워크 마케팅이다. 네트워크 마케팅에서 유통되는 모든 제품에는 포인트가 있다.

피자 쿠폰 열 개를 모으면 피자 한 판을 주고, 항공사 마일리지를 모으면 마일리지만큼 비행기를 태워준다. A항공사는 마일리지를 모아 비행기를 탈 때에만 가격을 할인해 주고, B항공사는 마일리지를 바로 바로 돈으로 되돌려준다면 당신은 어떤 항공사를 이용하겠는가?

A항공사는 나의 마일리지만 적립해주는데 B항공사는 내가 소개한 사람의 마일리지까지 합산해 돈으로 돌려준다면 어느 항공사를 이용하겠는가? 모든 조건이 똑같다 해도 돈으로 돌려주는 회사를 택하는 경우가 많을 것이다.

그리고 이런 서비스가 있다면 이 항공사를 주위 사람들에게 알려주겠는가? 구전 광고는 우리가 매일 매일 하고 있는 일상 생활이다. 재미있는 영화를 보거나 맛있는 식당을 찾으면 주위에 알리지 않는가? 우리는 대중 광고보다 지인의 경험을 믿는다. 구전 광고야말로 최고의 마케팅이다. 김치 냉장고의 최강자 딤채나 빙그레 메로나 아이스크림은 구전 광고의 대표적 사례다. 좋은 것을 좋다고 정보를 나누는 구전 광고가 프로슈머이고 이것이 자산을 구축하는 비즈니스가 된다. 본인이 이용해 보고 좋으면 주위 사람들에게 정보를 전달하는 것이 바로 네트워크 마케팅이다. 나에게 혜택이 되기 이전에 상대에게 도움이 되는 정보라면 알려주는 것이 낭연하다.

손해 보는 사람이 있는가? 최종 소비자가 더 이상 다른 누구에게 광고하지 않고 본인만 소비하더라도 이익이 된다.

03 네트워크 마케팅의 장점

네트워크 마케팅은 비전 있는 사업이다.

1. 네트워크 마케팅은 직접판매 방식이다. 직접판매 방식은 중간 유통 단계를 줄여 제품가격에 들어 있는 거품을 뺀 유통 방식이다.

2. 네트워크 마케팅은 포인트 마케팅이다.

3. 네트워크 마케팅은 제휴 마케팅이다. 기본 제품 외에도 위탁 판매 제품, 서비스 상품, 몰 대 몰 제휴까지 영역을 확장했다.

4. 네트워크 마케팅은 인터넷 쇼핑이다. 네트워크 마케팅

의 키워드는 마일리지, 캐시백, 인터넷 홈 쇼핑이다. 자본금 없이 자신의 인터넷 쇼핑몰을 운영하는 것이다.

(인터넷 쇼핑몰을 개인이 운영하려면 홈페이지 제작비용, 경쟁력 있는 입점 상품 섭외, 어마어마한 광고비, 물류, 카드사 섭외, 반품 등의 문제를 해결해야 한다.)

네트워크 마케팅이 매력 있는 이유는 다음과 같다.

첫째, 안정성이다. 무자본으로 지금 당장 시작할 수 있다.

둘째, 수익성이다. 신규 회원이 늘고 신제품의 지속적인 출시로 소비 품목이 는다.

셋째, 성장성이다. 네트워크 마케팅은 마일리지 캐시백 사이버 쇼핑으로 시대의 트렌드다.

넷째, 연금과 같은 자산소득이다.

다섯째, 국제 비즈니스가 가능하다.

여섯째, 축적과 복제가 되는 사업이다.

일곱째, 양도와 상속이 가능하다.

여덟째, 시스템 사업이나.

여기에 대해 하나하나 알아보자.

(1) 안정성: 무자본으로 지금 당장 시작할 수 있다

네트워크 마케팅은 제품을 쌓아둘 필요가 없고 종업원도 필요 없다. 즉, 무점포로 가능하다. 물론 권리금도 학벌도 요구하지 않는다. 수익성은 좋은데 자본이 필요 없으니 리스크가 없다. 리스크가 없는 사업이라니, 믿겨지는가?

'하이 리스크 하이 리턴, 로우 리스크 로우 리턴high risk high return low risk low return'은 사업의 불문율이다. 그러나 이와 다르게 네트워크 마케팅은 성공하면 크게 성공하고 망해도 본전인 '로우 리스크 하이 리턴low risk high return' 사업이다.

리스크가 두려우면 리스크가 검증된 프랜차이즈 사업을 하면 된다. 하지만 검증된 프랜차이즈 사업의 경우 상당한 사업자금이 필요하다. 어떤 사업이든 사업을 하려면 돈이 필요한데, 돈 없이 할 수 있는 사업이라니, 대단하지 않은가? 무자본으로 시작하기에 네트워크 비즈니스에서는 실수나 실패가 금전적인 손해로 돌아오지 않는다. 네트워크 비즈니스는 당신이 결정만 한다면 지금 당장이라도 시작할 수 있다.

(2) 수익성: 신제품 출시와 신규 회원 증가로 매출이 증가한다

네트워크 마케팅 사업가들은 이 비즈니스를 통해 성장성과 수익성을 제공받는다. 그러면 네트워크 마케팅의 수익성은 어떻게 제공될까?

제품에 부여된 포인트가 모이면 수익성이 확보된다.

포인트를 증가시키는 방법으로는 가장 기본적으로 자신의 제품 구매가 기여할 수 있는데, 지속적인 신제품 출시는 회원들이 더 많은 제품을 사용할 수 있게 한다. 그래서 네트워크 마케팅 회사는 회원들의 수익성 증가를 위해 신제품 출시에 심혈을 기울인다.

또 한 가지 방법은 추가적인 신제품 출시가 없다 하더라도 신규 회원이 증가하면 수익성이 증대된다.

네트워크 마케팅 사업자들은 네트 확장의 기본이 회원 증가인 것을 안다. 먼저 사업을 시작한 사람이 반드시 유리한 것만은 아니다. 나로부터 시작된 네트의 크기가 내 후원자보다 더 커진다면 비록 내가 늦게 시작했다 하더라도 내 소득이 더 많은 구조를 갖게 되기 때문이다. 그래서 회원 확충을 위한 노력은 한층 더 활기차게 진행될 것이다.

OK캐시백은 나의 소개로 신규 회원이 증가해도 내가 사용한 포인트만 인정된다.

정리하면, 네트워크 마케팅에서 수익성 증가를 위한 포인트 상승은 신제품 출시와 신규 회원 유입에 의해 보장된다고 할 수 있다.

(3) 성장성: 가능성이 무한하다

네트워크 마케팅의 성장성은 네트워크 마케팅이 유통의 대세, 즉 트렌드임에서 찾아볼 수 있다. 한때 휩쓸고 지나는 유행이 아니고 유통의 큰 흐름을 주도할 트렌드인 것이다. 왜일까? 이유야 많겠지만 첫째, 현명한 소비자가 늘어나기 때문일 것이다.

소비자는 제품이 여러 유통 단계를 거치며 제품의 품질과 관계없이 부풀려지는 가격을 지불하고 싶어하지 않는다. 최대한 제품의 질은 유지하되 유통을 단축해 저렴한 가격에 물건을 구매하고 싶어한다.

소비자들은 조건이 같다면 품질이 좋은 제품을 구매하고 싶어한다. 인터넷 등을 통해 제품에 대한 정보가 제공되고,

그 제품에 대한 경험담이 실시간 공개되는 시대에 살고 있다. 소비자들의 알 권리가 충족되는 시대가 된 것이다.

또한 기술력의 발달로 모든 정보가 공유되고 그 정보를 취합함에 있어 장벽이 무너졌다. 어린이부터 노인에 이르기까지 인터넷 접속이 용이한 시대가 되면서 좀 더 좋은 제품, 거품 없는 가격, 제품 경험담까지 알아보고 구매하는 시대가 된 것이다.

이런 시대에 네트워크 마케팅은 우수한 제품을 입소문을 통해 광고·유통하는 인터넷 쇼핑이다.

오래전 빌 게이츠는 생산자와 소비자가 직접 만나서 유통하는 네트워크 방식이 지구 최후의 마케팅이 될 것이라고 예견했다. 빌 게이츠는 아무리 좋은 제품도 합리적이고 효과적인 유통 방법을 통하지 않으면 팔 수 없으며, 자신도 "소프트웨어 사업을 하지 않았다면 네트워크 마케팅을 했을 것"이라고 말했다.

(4) 연금과 같은 자산소득이 된다

서민들은 소득을 늘리기 위해 노력하고, 부자들은 자산을 만들기 위해 노력한다.

송성문을 아는가? 송성문은《성문 종합영어》와《성문 기본 영어》시리즈의 저자다. 송성문은 대한민국 학생들이 '성문 영어 시리즈'를 살 때마다 돈을 번다. 조용필은 그의 음반이 팔리거나, 방송을 타거나, 노래방에서 그의 노래가 불릴 때마다 인세소득을 얻는다.《수학의 정석》시리즈를 쓴 홍성대는 책의 인세소득으로 학교를 세웠다. 이 글을 읽고 있는 이 순간에도 인세소득자의 통장에는 돈이 쌓인다. 그들이 밥을 먹거나 잠을 자거나 여행을 가더라도 통장에 차곡차곡 돈이 쌓인다. 이것이 인세소득의 매력이다.

《포브스Forbes》지는《해리포터》의 저자 조앤 K. 롤링의 재산이 약 10억 달러에 이를 것이라고 추정했다. 평범한 일본의 어느 주부가 발명한 주름빨대는 그녀에게 매달 수천만 원의 소득을 만들어준다.

우리는 돈을 위해 일하지만, 자산 소득가는 돈이 그들을 위해 일하게 만든다. 평범한 사람들은 자고 나면 지불해야 할 돈이 기다리지만, 자산 소득가는 자고 나면 돈이 차곡차곡 쌓인다.

네트워커는 자산을 만드는 사람이다. 자산소득을 만들기

위해 오늘부터 글을 쓰거나 노래 연습을 해야 할까? 그렇지 않다. 아무리 인세소득이 필요해도 나에게 맞지 않고 재능이 없으면 할 수도 없다.

그런 소질과 능력이 없더라도 인세소득을 가질 수 있다면 어떨까? 말도 안 된다고 생각하는가? 네트워크 비즈니스가 인세소득이 된다면 믿어지는가?

네트워크 마케팅 소득은 자산소득이기에 '은퇴'라는 단어가 없다. 바르게 소비자 네트워크를 만들어놓으면 오래될수록 점점 큰 자산소득이 된다.

또한 네트워크 마케팅은 일하는 시간과 양, 소득의 크기를 스스로 결정할 수 있다.

네트워크 자체가 자산소득이 된다. 잘 알아보고 착실히 배우고 긴 호흡으로 실천하면 당신도 대단한 자산 소득가가 될 수 있다.

(5) 국제 비즈니스다

네트워크 마케팅의 특징 중 하나는 바로 국제 비즈니스다. 예를 들면, 당신으로부터 파생된 네트워크 회원이 중국산

제품을 독일 소비자가 사용했는데, 한국에 있는 당신의 통
장에 돈이 들어온다. 어떻게 그런 일이 가능할까?

외국에 있는 사람에게 네트워크 비즈니스를 권한다고 하
자. 그가 네트워크를 통해 제품을 구매하고자 하면 회원가
입을 해야 한다. 회원가입 시 국제 후원자로 한국에 있는 당
신의 아이디를 등록하면 된다.

전 세계에 네트를 펼쳐놓으면, 이곳에서 천재지변이나 전
쟁으로 매출이 줄어도 다른 곳에서 매출이 생겨 또 다른 소
득이 생기게 되는 것이다. 국제적인 소득이 생긴다. 멋지지
않은가?

주의할 점이 한 가지 있다. 거의 대부분의 네트워크 마케팅
회사들이 국제 비즈니스와 상속을 주장하지만 역시 제품력
이 따라주지 않으면 쉽지 않은 일이다. 그러므로 인종과 문
화, 세대를 넘어 사용할 수 있는 경쟁력 있는 제품이 있다면,
충분히 가능한 일이다.

(6) 축적과 복제가 가능하다

어느 분야에든 타의 추종을 불허하는 기막힌 기술을 가진

사람이 있게 마련이다. 의사든 보일러 수리공이든 변호사든 타의 추종을 불허하는 고수들이 있다. 그들이 소득을 늘리기 위해 대리점을 냈다고 하자. 그들은 자기처럼 능력 있는 사람을 고용하거나 자신의 기술을 전수하고자 할 것이다. 그런데 문제는 그 기술이 뛰어날수록 전수(복제)가 불가능하다는 사실이다.

기업의 오너는 직원들에게 무엇을 바랄까? 자신이 회사를 생각하듯 직원들 또한 회사를 생각하기를 바랄 것이다. 애플의 스티브 잡스도 자신과 같은 열정과 비전을 가진 직원을 복제하기 위해 노력할 것이다. 하지만 고소득을 올리는 전문직일수록 자신과 같은 마인드와 실력을 갖춘 직원을 복제하기란 쉽지 않다.

전문성이 높을수록 복제가 어렵다. 하지만 간단한 것은 복제가 어렵지 않다. 생필품을 쓰는 것은 복제가 아주 간단한 일이다. 생필품을 쓰고, 기존 제품과의 차이점을 알아내는 것은 복제할 수 있지 않을까? 만일 당신이 이제까지 쓰던 생필품과 새로 산 생필품의 차이점을 알 수 없다면, 이 사업이 어려울 수도 있다. 하지만 그 차이점만 알 수 있다면, 이 사업을 누구나 할 수 있다.

(7) 양도와 상속이 가능하다

직장인은 아무리 좋은 자리에 있어도 은퇴하는 순간 소득이 끊기고 만다. 그러나 네트워크 마케팅의 소비자는 제품력만 있다면, 그것이 생필품이기에 자신의 필요에 의해 반복 구매할 것이고 지속적인 소득이 발생한다.

생필품을 소비하는 일은 따로 가르치지 않아도 된다. 즉, 상대가 사용해 보고 스스로의 필요에 의해 반복구매를 하는 자발적 복제가 일어나는 것이다.

내가 사업을 시작하고 누군가 30년, 50년 후 내 네트워크에 회원으로 가입해 제품을 사용해도 내 소득으로 연결된다. 수십 단계, 수백, 수천 단계 아래에서 가입해 사용해도 내 매출로 축적된다.

나와 관계없이 각자의 필요에 의해 소비자가 소비자를 만들기도 하고, 사업자가 소비자나 사업자를 후원하기도 한다. 일반 직장이나 사업과 달리 나의 노력이 축적되고 때로 확대되기도 한다.

내 사업소득이 상속이 된다? 그렇다. 네트워크 마케팅은 회원가입 시 통장을 등록한다. 그리고 이 통장에는 매달 실적에 해당되는 보너스가 입금된다. 네트워크 마케팅 회사는 내가 물건을 소비하고 전달하면 해당 포인트만큼 통장에 캐시백 해준다.

미국이나 유럽에서는 자신의 네트워크를 매도할 수도 있음은 물론 상속도 가능하다.

네트워크 마케팅을 제대로 한다면 오늘 당신이 받는 수입이 일생에서 가장 적은 수입이 되고, 죽기 전에 받는 소득이 가장 많은 소득이 될 수도 있다. 바르게 네트워크를 구축해 놓으면 나이가 들고 세월이 갈수록 안정적이고 커다란 소득이 되는 것이다.

노년에 당신 가족뿐 아니라 사회에 기부할 수도 있다. 왜냐하면 네트워크 수입은 이번 달뿐만 아니라 다음 달에도 나오고, 그 다음 달에도 또 나오는 것이 바로 네트워크 마케팅에서 나오는 수익이기 때문이다.

네트워크 마케팅 사업자가 사망 시 자식이나 고아원 또는 양로원, 시민단체 등에 자신의 아이디를 기부하면, 아이디와 함께 통장이 상속되고 통장으로 들어오는 보너스를 지속적으로 수령할 수 있다.

(8) 시스템 사업이다

네트워크 마케팅에서 복제는 궁극적으로는 사람을 복제하는 것이 아니라 시스템을 복제하는 것이다. 시스템은 누구나 복제할 수 있도록 쉽고 간단해야 한다. 네트워크 사업을 하려면 첫째, 당신이 먼저 제품과 시스템을 배우고 둘째, 파트너들에게 제품과 시스템을 가르쳐라. 셋째, 언젠가 남을 가르치는 사람들을 가르치면earn it, teach it, teach others to teach it 진정한 인세소득이 된다.

아무리 규모가 큰 사업을 한다 해도 시스템이 없어서 오너 부재시마다 문제가 발생하면 사업이 아니고 장사다. 지금 당장의 소득은 적지만 내가 없어도 모든 일이 잘 돌아가는 시스템이 있다면, 그것은 사업이다. 시스템에서 나오는 소득이 자산 소득이다.

그러므로 장기적이고 지속적인 수입을 창출하려면 시스템이 있어야 한다.

아이디어는 상품이 아니다. 아이디어를 이루어낼 구체적인 계획이 실행되어 상품화되어야 한다. 아이디어를 실현할 구체적 계획이 바로 시스템이다.

부자가 되려면 로버트 기요사키가 말한 것처럼 시스템을 만들든(애플, 삼성, 마이크로소프트, 아마존 등), 만들어진 시스템을 사든(맥도날드, 피자헛, 스타벅스 등), 검증된 시스템을 활용(네트워크 마케팅)해야 한다.

검증된 시스템을 활용하는 것이 시간과 노력 면에서 효과적이다. 시스템은 지렛대 원리와 같다. 아르키메데스가 말했다. "지렛대만 있다면 지구도 들 수 있다."

04 무엇을 해야 하나

네트워크 마케팅 사업자가 되려면 무엇을 해야 할까? 사업을 시작하려 한다면 먼저 공부를 하고 제품을 바꿔 써보라. 그리고 사용한 제품의 장점을 알리면 된다.(use the product telling the story) 이게 전부다. 뭐든지 일류는 단순하다. 그리고 회사, 수익구조, 시스템, 함께 사업하는 사람들도 만나보라. 노동소득(임시소득)을 위한 직장이 아니고 상속까지 하는 자산 소득을 위한 사업이다. 꼼꼼히 알아보고 결정하라. 김밥집 하나 오픈하려 해도 맛, 상권, 가격, 권리금, 근무 시간 등을 꼼꼼히 알아봐야 한다. 하물며 사업을 알아보는 것은 오세아니아의 드넓은 초원, 수많은 양들이 풀을 찾아 이동한다. 양들은 장시간의 이동으로 배고픔이 극에 달해 있다. 목초지는 양들의 수에 비해 넉넉하지 않아 뒤처진 양들은 풀냄새만 맡고 풀을 먹지 못한다. 굶주린 후미의 양들이 신경이 예민해져서 미친 듯이 뛰어다닌다. 그러자 그 앞의 양들이 따라서 뛰고, 그 앞줄 양들이 차례대로 뛰자 결국 모든 양들이 들고 뛴다.

정신없이 뛰는 양들은 어디로 가는지, 왜 뛰는지도 모른 채 오직 한 발이라도 앞서기 위해 죽을힘을 다해 뛴다. 오직 옆의 양들보다 한 발이라도 앞서기 위해 옆만 보고 달리던 양들 앞에 천 길 낭떠러지가 나타난다. 벼랑을 발견한 양들이 급하게 서보려고 하지만 멈출 수 없다. 뒤에서 달려오는 양들이 그들을 밀어버렸기 때문이다.

말할 필요가 없다. 직장과 달리 네트워크 마케팅은 잘못 선택하면 지인들에게 피해가 된다. 네트워크 마케팅이 잘못된 것이 아니라 잘못된 방법으로 사람을 모집하거나 욕심이 앞서 그릇되게 하는 사람들이 문제다.

때로는 뒤처지는게 사는 길이기도 하다. 우리 주위 사람들은 방향도 목적도 없이 열심히 뛰기만 한다. 때로는 숨을 돌리고 어디로 가는지 고개 들어, 돌아보아야 한다. 열심히 하는 것 못지않게 중요한 것은 바른 방향으로 가는 것이다. 시급한 일보다는 소중한 일에 에너지를 써야 한다. 개인이나 사회, 국가나 인류도 방향성을 잃고 경쟁만 하면 모두의 삶이 피폐해진다.

독재자는 앞으로 '나가라'고 하고 지도자는 함께 '나가자'고 한다. 참 스승은 '함께 알아보자'고 한다. 네트워크 마케팅에서 성공한 리더들은 지도자나 참 스승과 같다. 올바른 네트워커들은 서두르지 말고 먼저 '알아보라'고 한다. 마음을 비우고 먼저 알아보라. 알아보고 나서 아니면 없던 일로 하면 된다. 아무리 좋은 일이라도 자신에게 맞지 않으면 어쩔 수 없다.

이처럼 자세하고 솔직하게 네트워크 마케팅을 알려주는데도 당신에게 호기심이 생기지 않는다면 당신은 하던 일을 계속하는 것이 낫다.

그러나 호기심이 생기는가? 가슴이 뛰는가?

그렇다면 먼저 제품이 좋은지, 수익구조가 합리적인지, 시스템이 있는지 알아보라.

아무리 이론이 달콤해도 제품 경쟁력이 없다면 최종 소비자에게 도움이 되지 않는다. 최종 소비자에게 도움이 되지 않는 정보라면 절대 오래갈 수 없다. 그래서 제품 경쟁력이 없는 네트워크 회사와 파트너가 되면 위험하다.

수입 구조가 합리적이지 않으면 엄청난 피해자가 생길 수도 있다. 나 혼자 돈 벌려고 지인들에게 금전적 피해를 주는 일은 없어야 한다.

제품이 좋고, 수입 구조가 이해됐다면, 책도 읽고 CD도 들어보라. 미팅에 나가 공부도 하라. 사업을 하려거든 좋은 후원자를 찾아서 그 사람에게 성공한 방법을 배우라. 어떤 일을 하느냐보다 누구와 하느냐가 중요할 때도 있다. 충분히 검토하고 시작하라. 그리고 일단 시작하면 서두르지 말라. 그러나 쉬지도 말라.

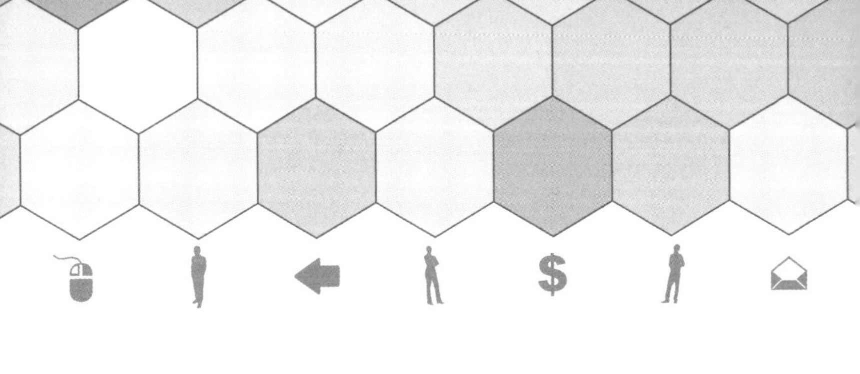

PART 3

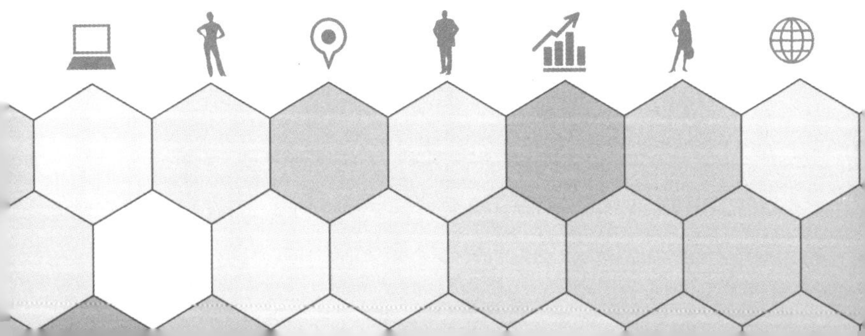

이런 생각 저런 생각

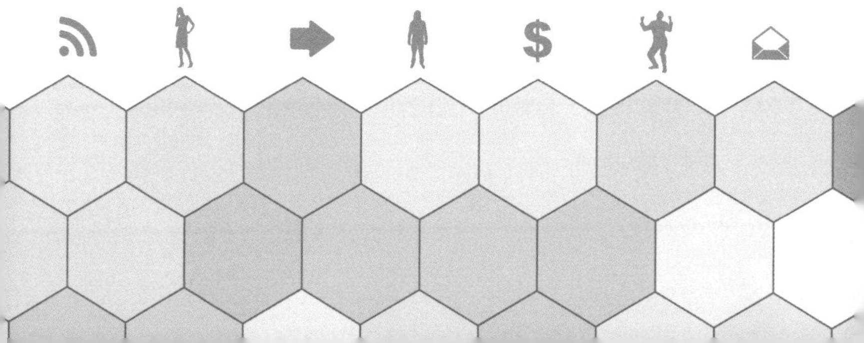

01 소비자 제몫 찾기 운동

국내법상 네트워크 마케팅으로 유통되는 제품의 광고·유통비는 제품가격 대비 35퍼센트로 책정되어 있다. 제품가격의 35퍼센트 내에서 각자의 기여도에 따라 찾아오는 것이다.

당신은 생활비의 35퍼센트를 저축하면서 살고 있는가? 저축은 고사하고 마이너스 인생을 살고 있지는 않은가? 우리가 소비하는 생활비의 35퍼센트를 광고회사와 대형 할인마트 등 유통업체가 가져가고 있다.

네트워크 마케팅은 기존의 광고회사와 대형 유통업체가 가져가는 광고·유통비를 소비자가 가져가는 구조다. 본인만 사용하면 본인이 사용한 몫만큼, 광고·유통을 하면 노력한 만큼 더 찾아오는 것이다.

제품의 품질과는 관계없이 유통 단계가 추가될 때마다 가격이 올라간다. 우리가 구입하는 모든 생필품에는 우리의 의사와 상관없이 광고·유통비가 포함되어 있다. 대 자본가가 광고도 하고 유통도 한다. 그들이 독점하던 돈을 개미들이 찾아오자는 것이다. 소비자 제몫 찾기 운동이다.

유통의 헤게모니가 생산자에서 유통업자, 다시 소비자에게 넘어오는 것과 소비자 제몫 찾기는 밀접한 관계가 있다.

02 기회가 없다

　건강한 사회는 패자부활의 기회가 주어진다. 그러나 우리 사회는 한 번 뒤처지면 회복이 쉽지 않다.

　사람이 사용하는 모든 것은 사회적으로 생산된다. 사회적으로 생산된 것이기에 사회적으로 소유하고 사용하는 지혜가 필요하다. 생산은 사회적으로 했는데 소유와 사용은 사적으로 한다면 그것은 모순이다.

　지구 반대쪽에서 전쟁이 나도 내 장바구니의 물가가 오른다. 우리 모두는 서로 관계 맺고, 의존하고, 영향을 미치고, 재구성되는 유기적 관계를 맺으며 변화·발전한다.

서로 관계 맺고 영향 미치기 때문에 어느 한 존재의 일방통행을 관계된 다른 존재들이 인정하지 않는다. 그러므로 관계 맺은 존재들이 서로 잘사는 지혜로운 방법은 '공존'이다.

유통이 변화함에 따라 공존의 틀이 깨졌다. 서민들의 기회가 점점 없어진다. 대형 할인마트에는 모든 생필품이 다 있다. 서점, 애완동물용품점, 옷, 신발, 스포츠용품, 식음료, 가구, 전자제품, 심지어 자동차수리점도 있다. 따라서 소자본 자영업을 할 수밖에 없는 서민들에게 대형 할인마트는 대단히 위협적인 존재다. 얼마 전 사회문제가 된 통큰 자전거, 통큰 치킨, 통큰 피자 등이 좋은 예다. 또한 대규모 자본은 기업형 슈퍼마켓SSM, Super Supermarket 등으로 동네 구석구석까지 상권을 장악한다.

인생에서 가장 많은 돈이 필요한 시기는 언제일까? 아마도 50대일 것이다. 가장 왕성히 일할 수 있는 나이이고, 실제로 돈이 가장 많이 필요한 시기에 실직을 한다면 어떨까? 50대에 놀 수는 없다. 무언가를 해야 한다. 취입은 어렵고 소자본으로 장사를 해야 한다.

퇴직을 앞둔 가장들이 생각할 수 있는 대부분의 업종들이 모두 대형 할인마트에 입점해 있다. 따라서 점포를 연다고 해도 가격경쟁이 되지 않을 것이다. 대형 할인마트는 모든 것을 흡수하는 블랙홀과 다름없다.

소규모 자본을 투자해서 할 수 있는 일은 찾기 어려울 뿐만 아니라 시작한다 해도 리스크가 크다. 따라서 자본을 들이지 않고 할 수 있는 네트워크 마케팅으로 퇴직 이후를 준비하는 것이 현명하다. 네트워크 마케팅은 퇴근 후나 휴일을 활용해서도 할 수 있다.

03 세컨드 잡으로 시작하라

시간은 돈이다. 또한 시간은 삶이다. 우리는 돈을 벌기 위해 일을 한다. 우리는 삶과 돈을 바꾸며 산다.

우리 사회는 자본주의다. 자(資)가 본(本)이 되는 사회다. 자본 제일주의, 자본 지상주의라는 말이다. 자본주의는 물신주의(物神主意)라고도 한다. 곧 물질이 신이라는 것이다.

사람들은 네트워크 마케팅이 이론대로라면 좋은 것이고, 그렇게만 된다면 '안 할 이유가 없다'고 하면서도 정작 '무언가 함정이 있을 거다' '시간이 없다' '아는 사람이 없다' '퇴직 후 하겠다' 하며 고민만 한다.

그러나 기왕 네트워크 마케팅을 하려면 소득이 있을 때 하는 것이 바람직하다. 네트워크 마케팅은 처음부터 근로소득이나 사업소득처럼 바로 돈이 되지 않는다. 네트워크 마케팅 회사 중에 시작부터 큰돈이 된다고 하면 뭔가 무리한 수익구조를 가지고 있는 것이다. 그러므로 당장 소득원이 없어 매달 필요한 생활비를 네트워크 마케팅으로 벌어야 한다면 네트워크 마케팅이 몇 배 어렵다. 사람들은 아직 네트워크 마케팅에 대한 정확한 정보가 없을 뿐 아니라 '나쁜 비즈니스'로 알고 있기 때문에, 소득원이 없어지고 나서 이 일을 한다면 '직장에서 쫓겨나더니 결국 피라미드를 하는구나'라며 더욱 당신의 말을 들으려 하지 않을 것이다. 마음을 열고 들어주기라도 하면 좋겠지만 들어주지도 않을지 모른다. 당신이 남보다 잘 나가는 안정적인 위치에 있을 때 비즈니스를 시작하는 것이 좋다. 그래야 마음이 쫓겨 무리를 하지 않게 되고 상대도 내 말에 귀를 기울인다.

네트워크 비즈니스는 하던 일을 그대로 하면서 남는 시간을 활용해 하는 것이 바람직하다. 전업으로 이 사업을 하면 빠르게 결과를 낼 것 같지만 대부분 그렇지는 않다. 어떤 일이든 시간이 많아서 일을 해내는 것이 아니라 간절해서 해내는 것이다. 바쁜 중에, 어려울 때 일이 된다.

세컨드 잡second job으로 시작하라. 처음에는 술 마시고, 여가 활동 하고, TV 보는 시간 정도만 활용해 보라. 주부라면 아이를 학교에 보내고 하교할 때까지의 시간을 활용하면 된다.

그렇게 열심히 해서 네트워크 마케팅 소득이 근로소득이나 사업소득의 두세 배 이상 되고 네트워크가 안정되게 구축되면, 그때 전업을 고려해 보라.

판매 vs 전달

자본주의의 꽃은 영업이다. 우리는 자본주의에 살면서 영업이나 판매를 천시하는 경향이 있다. 네트워크 마케팅을 권하면 많은 사람들이 '나는 못 팔아' 한다. 하지만 세상에 팔지 않는 것은 없다. 교사는 지식을, 의사는 의료 서비스를, 종교인은 종교를, 술장사는 술을, 무기판매상은 무기를 판다. 단, 어떤 제품을 어떻게 파느냐가 문제다.

일반적으로 '판매'라 함은 5000원짜리 물건을 8000원 정도에 팔아 마진을 남기며, 마진을 남기기 위해서는 지속적으로 판매해야 한다. 네트워크 마케팅은 5000원에 가져와서

5000원에 전달한다. 판매는 제품만 전달하지만 네트워커들은 제품과 함께 정보를 전달한다. 제품과 함께 정보가 전달되기까지 모든 경비를 네트워커가 부담하니 초기에는 수입보다 경비가 많다.

네트워크 마케팅은 사업이다. 어떤 사업이든 초기에 많은 준비 자금이 들어간다. 네트워커들도 경비가 든다. 차비, 기름 값, 약간의 선물비용, 밥값, 차값 등이 들어갈 것이다. 각자의 자영 사업이기 때문이다. 생각해 보면 네트워크 마케팅을 하지 않을 때도 밥도 사먹고 술도 사먹고 옷도 사 입는다. 그 정도 경비면 네트워크 마케팅을 할 수 있다.

소비자 스스로 반복 구매하면 더 이상 판매 행위를 하지 않아도 매출이 지속적으로 일어난다. 이것이 일반 판매와 다른 섬이다. 이때무터 연금과 같은 소득이 발생하는 것이다.

05

현재보다
미래 가치를 보라

현재 직면한 문제는 현재 수준의 인식으로는 해결되지 않는다. 다른 차원에서 접근해야 문제가 해결된다.

꿈이 없는 사람은 현실 문제에 급급해 현재의 문제 해결에 코를 빠트리고 있고, 꿈이 있는 사람은 미래 가치에 의미를 두고 현실을 산다.

네트워크 비지니스는 출근시간도 정해져 있지 않고 점포도 없다. 그저 제품을 바꿔 쓰는 것만으로 소득이 생긴다. 모든 것이 생소한 개념이라 첫 걸음을 떼기가 쉽지 않다. 하지만 경쟁력 있는 생활필수품은 최고의 사업 아이템이다. 꾸

준히 사업을 하면 회원 소비자가 늘고, 소비자 개인 개인의 소비 액수가 늘어날 것이다.

비록 출발은 5,000원 혹은 10,000원짜리 생필품 하나로 시작했어도 상당수의 소비자가 점점 많은 제품을 브랜드 체인지하면 당신의 소득이 덩달아 늘어날 것이다.

30세의 소비자가 비누와 치약, 약 12,000원 정도의 물품을 두 달에 한 번 재구매한다면 1년에 여섯 번, 144,000원을 구매하게 된다. 그가 90세까지 60년을 반복구매한다면 8,640,000원을 구매하는 셈이다. 이번 달에만 소비하는 것이 아니라 반복구매함에 주목해야 한다.

그래서 파트너 회사를 선택할 때 아이템이 생필품인지, 품질이 객관적으로 경쟁력이 있는지 꼼꼼하게 확인한 후 선택해야 한다.

소비자가 한 달에 생필품과 기타 서비스 300,000원을 네트워크를 통해 60년 구매한다면 216,000,000원을 자발적으로 구매하는 것이나.

당신이 선택한 제품은 세대를 거쳐 가며 품질을 보장받을 수 있는가? 만약 그렇다고 한다면, 당신 앞에 있는 소비자는 수억의 가치를 제공하는 고객이 될 것이다. 당장은 기름

값도 나오지 않겠지만, 당신 앞의 소비자가 지닌 미래 가치
는 단순 소비만 생각해도 대단한 것이다. 미래 가치를 보고
최고의 제품과 정보, 서비스를 제공하는 것이 바로 네트워
크 마케팅이다.

직장생활을 시작할 때 평생 열심히 하겠다고 마음먹었듯
이 네트워크 비즈니스도 당장의 소득보다는 몇십 년 후의
미래 가치를 생각하고 긴 호흡으로 해야 한다.

06
생활의 모든 지출이
소득이다

당신이 네트워크를 구축한 후 새로운 제품이나 주유, 항공 서비스 등 서비스 품목이 들어오면 이로 인해 추가 소득이 발생한다.

현재 국내 네트워크 마케팅 회사에서는 생필품을 중심으로 몇천 가지 위탁 상품이 유통되고 있지만 고가의 제품은 없다. 국내법에 네트워크 비즈니스를 통해 유통되는 제품가격의 상한선을 130만 원 이하로 규정해놓았기 때문이다. 반면 미국 등 선진국은 제품가격의 한계가 없어 승용차, 경비행기, 요트, 골프채, 가구 등 고가의 제품들도 네트워크 마케팅을 통해 유통된다.

조만간 FTAFree Trade Agreement가 체결되면 우리나라도 미국, 유럽과 같은 법이 적용될 것이다. 즉, 가격제한 상한선이 해지되어 고가의 제품들까지 유통이 확장될 것이고, 품목이 확대되면 네트워크 마케팅은 엄청나게 성장할 것이다. 자동차나 골프채, 고급 전자제품과 가구, 의류, 운동화, 헬스기구 등 거의 모든 품목의 유통이 가능해진다는 것이다.

소비자들은 필요한 제품을 구매하고자 할 때, 네트워크 마케팅에서 구매하는 가격과 다른 방법으로 구매하는 가격을 비교해 본 후 가격경쟁력이 높다면 네트워크 마케팅을 통해 구매할 것이다.

네트워크 마케팅 회사의 회원이 많은 경우에는 네트워크 마케팅 회사가 갑의 위치에 있게 되고 제조사가 을의 위치에 있기 때문에 다른 유통보다 네트워크로 판매되는 제품이 더 저렴한 가격으로 공급될 것이다.

제조사는 왜 네트워크 회사에 싼 가격에 제품을 납품할까?

제조사의 경우 따로 영업사원 관리를 하지 않아도 되고 대리점 운영비도 들지 않는다. 제조사는 네트워크 회사로부터 제품가격을 먼저 받고 난 후 제품을 보낸다. 어음을 받지 않고, 종업원도 매장관리도 필요없이 제품을 판매할 수 있기 때문에 제조사 입장에서는 최고의 판매 루트다. 네트워크 마케팅은 제조사와 소비자 모두에게 도움이 되는 비즈니스 모델이다.

백화점이나 대형 마트에서 취급하는 제품 수마큼 제품이 확대된다면, 네트워크 마케팅은 판매가 소득이 아니라 소비가 소득이 된다.

항공, 카드, 의료, 주유, 법률, 자동차 수리, 여행사, 스마트폰 등 서비스 및 용역 제품까지 네트워크 마케팅에 런칭되면 생활이 곧 소득이 되는 시대가 열리는 것이다.

소비를 넘어 생활이 소득이 된다는 것은 생활하면서 지출되는 모든 소비가 소득으로 되돌아온다는 것이다. 스마트폰이 네트워크 마케팅에서 판매된다면 통신요금도 소득이 된다. 휴대폰 대리점을 통해 스마트폰을 개통하면 내가 매달 사용하는 금액의 일정 부분이 대리점 통장으로 들어간다. 만먼 스마트폰을 네트워크 마케팅 회사를 통해 개통하면 내가 사용하는 요금과 나를 통해 개통한 소비자가 사용하는 통신요금의 일정 금액이 내 통장으로 들어온다. 요금 체계와 단말기 구입 조건 등은 똑같다. 차이는 하나밖에 없다.

대리점에서 개통하면 매달 대리점 사장의 통장으로 돈이 들어가고, 네트워커를 통해 개통하면 대리점 사장 통장에 들어갈 금액이 나에게 돌아오는 것이다.

자동차보험도 마찬가지다. 자동차보험 영업사원을 통해 보험을 가입하는 것보다 네트워크 마케팅을 통해 보험에 가입하면 보험료도 저렴할 뿐 아니라 일정 금액이 나에게 돌아온다. 나를 통해 자동차보험을 가입한 사람의 보험료 일정 부분도 나에게 돌아온다. 그러므로 나로부터 파생된 회원 수만큼의 자동차보험 대리점, 휴대폰 대리점, 신용카드 대리점, 주유소 등을 무점포로 종업원도 없이 운영하는 것과 마찬가지다.

또 다른 예로는, 네트워크 마케팅에 주유소가 들어오면, 나와 내 고객은 전국에 있는 협약된 주유소에서 주유를 할 것이다. 그러면 나는 주유소를 차리지도 않고 내 회원 수만큼의 고정 고객을 가진 주유소 사장과 같은 소득을 얻을 수 있을 것이다.

소비를 넘어 생활에서 지불하는 모든 지출이 소득이 된다. 생활한다는 것은 지출을 한다는 것이다. 자본주의 사회에서는 숨만 쉬어도 돈이 나간다. 우편함에 있는 청구서를 보

라. 당신의 모든 생활비 지출이 소득이 되는 비즈니스가 바로 네트워크 비즈니스다. 이것이 네트워크 비즈니스의 비전이다. 처음에는 내 노력이 전부지만 일정 규모 이상의 회원이 모여 네트워크가 형성되면 생각지도 못했던 소득이 발생한다.

지금이 기회다. 누구나 보는 것은 텔레비전이고, 남들이 보지 못하는 것을 보는 것은 비전이다. 남들이 비전을 보지 못할 때 먼저 비전을 보고 준비하면 성공의 열매가 그만큼 클 것이다. 지금의 노력이 시간이 지나면 상상도 못할 만큼의 대가로 돌아올 것이다.

07 소비의 패턴과 수다의 종류만 바꿔라

네트워크 마케팅을 한다는 것은 대단한 일을 새롭게 하는 것이 아니다. 매일 매일 하는 소비생활에서 나부터 현명한 소비를 하고 주변인들에게 현명한 소비를 컨설팅하는 것이다. 값이 싼 제품을 구매하기 위해 시간과 노력을 들이는 것이 아니라 현명한 소비를 통해 시간과 정보를 효율적으로 사용해 자산을 만드는 일이다.

세상을 바꾸기는 쉽지 않다. 세상도 나름의 관성의 법칙이 있다. 그러니 나부터 바꾸라. 소비의 패턴과 수다의 종류를 바꾸는 것만으로도 삶을 바꿀 수 있다. 우리는 매일 매일 소비를 하고 아침에 눈 떠서 저녁에 잠들 때까지 수다를 떤다. 생각해 보라. 우리가 나누는 수다의 대부분이 광고 행위다. 매일 하는 소비와 수다 두 가지를 바꾸는 것이 사업이고 자산소득이 된다. 바른 정보를 공부해서 좋은 제품을 안방에서 구매하고 포인트를 모아 돈도 돌려받으라.

현명한 소비로 시간과 돈이 나에게 돌아오도록 하라. 무엇보다 먼저 브랜드를 체인지해서 소비의 패턴을 바꾸고, 소비 패턴을 바꾸는 법과 자산을 만드는 현명한 소비로 수다의 종류를 바꾸면 된다.

08
윈-윈 비즈니스

자본주의의 룰은 잔인하다. 자본주의는 철저한 승자독식 구조다. 직원의 봉급이 열 배 오를 때 CEO의 봉급과 주식배당금은 수백, 수천 배 오른다. 소수의 승자들도 승리의 기쁨을 만끽할 틈도 없이 다시 치열한 경쟁을 해야 한다. 다음 승부를 준비하느라 승자는 기쁨을 만끽할 틈도 없다.(레드카펫이 지옥으로 가는 지름길이라고 한다.) 절대 다수의 패자가 비참한 것은 말할 것도 없다.

네트워크 마케팅은 자본주의가 만들어낸 최첨단 유통 방식으로, 아래와 같은 이유로 다른 업종보다 매력적이다.

직원 수를 줄이고 연구개발비를 줄이면 기업의 재무구조가
순간적으로 좋아져 주식 배당금이 높아진다. 주주들은 높은
배당금을 안겨준 CEO의 놀라운 봉급 인상을 승인한다. 회사
의 성패에 깊은 관심을 갖는 사람은 주주도 CEO도 아닌 직
원들이다.

1. 누구에게나 기회가 균등하게 주어진다.

2. 정보나 기술을 독점하지 않고 나눌 수록 좋다.

3. 남을 도와서 남이 성공해야 내게 혜택으로 돌아오는 원-원
   비즈니스다.

누군가의 몫이 커지면 다른 사람들의 몫은 적어지게 마련
이다. 그러나 네트워크 비즈니스는 한정된 파이 안에서 자
신의 몫을 키우는 것이 아니라 함께 파이를 키워 나누는 것
이다. 회사마다 수익 구조의 차이가 있겠지만, 소득이 커진
다는 것은 전체 파이를 키웠다는 것이다. 파이의 크기에 비
례해서 당신에게 보상이 주어지기 때문에 원-원 비즈니스
다. 먼저 시작하거나 매출이 크거나 먼저 회원가입을 했다

고 소득이 많은 것이 아니라, 나중에 시작했어도 네트를 많이 구축한 사람이 소득이 많다.

네가 죽어야 내가 사는, 이기고 지는 방식이 아니다. 내가 성공하려면 먼저 남을 도와야 한다. 이런 윈-윈 방식이 네트워크 비즈니스의 매력이다.

설득하거나 물건을 파는 것 같아서 망설여진다면 남을 돕는 행위를 하라. 초기에는 제품 전달을 잘하고 설명을 잘하는 사람에게 이 비즈니스가 어울릴 것 같지만, 사업을 해보면 남을 돕는 사람이 큰 리더가 되는 것을 알게 된다.

우리들의 삶의 현장은 복싱과 스모처럼 끝없이 경쟁을 해야 하고, 게임에서 지면 링에서 내려와야 한다. 네트워크 비즈니스는 이같은 밀어내기 게임이 아니다. 자격이 되면 모두를 인정하고 보상한다. 언제까지 자격을 갖추어야 한다는 시간 제약도 없다.

자본주의는 갈등과 경쟁, 전쟁과 폭력으로 유지된다. 더불어 사는 자본주의란 나눔과 희망, 꿈으로 유지된다. 나를 통해 나보다 나은 성공자를 배출하는 것이 진정한 성공이다. 네트워크 비즈니스는 나를 통한 성공자를 많이 배출할수록 내가 성공하는 시스템이다.

09 기하급수적 성장

네트워크 마케팅은 기하급수적으로 성장한다.

당신은 한 달에 한 명에게 네트워크 마케팅을 정확하게 설명해서 회원을 만들 수 있겠는가? 한 달에 딱 한 명이다. 상대는 설명을 듣고, 어차피 쓰고 있는 생활필수품을 좋은 제품으로 바꿔 써본 후 만족하면 계속 쓰고 만족스럽지 않으면 반품하면 된다.

제품이나 서비스에 만족한다면 누군가를 소개할 것이다. 비즈니스 원리를 이해한 당신의 회원은 소비자 또는 스몰 비즈니스나 빅 비즈니스로 사업을 할 수도 있다.

네트워크 비즈니스에서는 초기 1명에서 10명이 되는 시간 보다 10명에서 100명이 되는 시간이 빠를 수 있다. 100명에서 1,000명이 되는 시간이 빠를 수도 있고, 1,000명에서 1만 명이 되는 시간이 빠를 수도 있다. 마치 눈사람을 만들 때 눈덩이가 점점 빨리 불어나 큰 눈사람을 만들 수 있듯이 말이다.

〔그림2〕 네트워크 마케팅의 성장

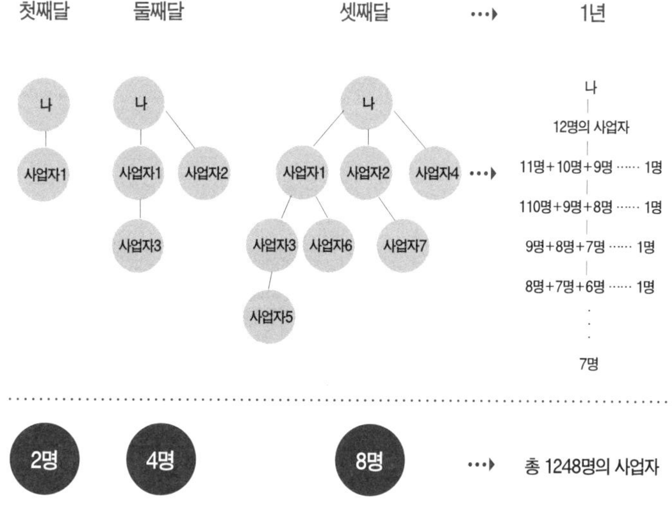

다음 달에 당신이 다시 1명의 회원을 만들고, 당신의 파트너도 1명의 회원을 만든다면 회원이 4명으로 늘어난다. 그 다음 달에 4명이 1명씩 후원하면 8명이 되고, 이렇게 1년이 지나면 모두 1,248명이 된다.

다시 한 달 후에는 2,496명, 다시 한 달을 더하면 4,992명 15개월 후에는 9,984명이다. 물론 현장에서는 이와 다른 양상이 나타날 것이다. 그렇지만 이런 기하급수적 성장의 원리를 바르게 이해하고 성실하게 사업을 하다 보면 더 큰 결과를 만들 수 있는 것이 네트워크 마케팅이다.

닭고 싶은 사람의 말을 따르라

인생은 관계와 선택이다. 누구와 관계를 맺을 것인지도 내가 선택해야 한다. 인생은 선택의 연속이고, 선택에는 책임이 따른다. 중요한 선택일수록 갈등이 크다. 그때 당신은 누구와 상담하는가? 당신보다 나은 사람이 주위에 없다면, 당신의 인생이 지금과 다른 궤적을 그릴 가능성은 거의 없다.

식당을 할 계획이라면 쪽박 난 식당이 아니라 대박 난 식당을 벤치마킹해야 한다. 고시 준비를 한다면 고시공부를 하다가 포기한 사람보다 고시에 합격한 사람의 조언이 더 유용할 것이다. 네트워크 마케팅도 마찬가지다. 네트워크 마케팅에 대해 알아보려면 네트워크 마케팅으로 성공한 사람에게 자문을 구하는 것이 상식적인 일이다.

새로운 일을 결정할 때는 누군가에게 조언을 구하게 된다. 조언자의 의견이 서로 다르다면 누구의 의견을 들어야 할까?

네트워크 마케팅에 대해 주위 사람들에게 물어보라. 10명에게 물으면 11명이 반대할 것이다. 대다수의 사람들이 네트워크 마케팅에 대해 '관심 없다'를 넘어 '너도 절대로 하지 말라'고 간섭할 것이다. 그들 중 누구라도 네트워크 마케팅에 대해 정확한 설명을 들은 적이 있는지, 책 한 권이라도 읽은 적이 있는지 물어보라. 본인이 모르면 '모른다'고 하면 되는데 일단 반대부터 한다. 일반적으로 또래 집단에서 벗어나면 사람들은 뒤에서 비난부터 한다. 대부분의 사람들은 자신의 애기보다는 '누구는 어떠하고, 누구는 어떠했다' 하는 '카더라 통신'을 늘어놓을 것이다.

누군가가 새로운 일을 시작한다고 하면 그 일이 무슨 일인지 묻고, 자신이 도와줄 일이 무엇인지 묻는 게 상식적인 관계다.

살다보면 일이 힘든 게 아니라 사람이 더 힘들다. 감정이 아니라 정보를 가지고 판단하라. 당신은 정보가 있고 상대는 감정이 있다. 가까운 관계일수록 쉽게 감정으로 대응한다.

50˚C 물에 50˚C의 물을 더한다고 해서 100˚C의 물이 되지 않는다. 나와 비슷하거나 나보다 못난 사람에게 조언을 구할 일은 아니다. 자칫하면 장님이 장님 안내하는 꼴이 되기 십상이기 때문이다. 여러 사람에게 조언을 구하고, 조언자의 의견이 각기 다르다면, 당신이 닮고 싶은 사람의 말을 따르라.

11 지금이 기회다

한 사람을 오래 속일 수는 있다. 많은 사람을 잠깐 동안은 속일 수 있다. 그러나 많은 사람을 오랫동안 속일 수는 없다.

네트워크 마케팅은 미국에서 1959년에 처음 출발했다. 그 당시에는 불법으로 고발되어 미국 연방통상의원회에서 재판을 받았다. 그리고 재판 결과 "가장 효과적이고 윤리적인 마케팅"이라는 판결을 받았다.

프랜차이즈의 원조인 맥도날드도 사업 초기에 고발당했었고, 오랜 재판 끝에 '프랜차이즈'라는 새로운 사업 방식으로 법으로 인정받았다. 무엇이든 새로운 것이 나타나면 기존의 기득권 세력들이 연합해 법적·도덕적·물리적 방법을 총 동원해 공격하는 것이 세상의 이치다. 중세 시대에서 시민 사회로 넘어올 때, 얼마나 많은 피를 흘렸는가? 지금 정도의 민주화를 이루기 위해 우리 또한 얼마나 많은 대가를 지불했는가?

네트워크 마케팅이 시작된 모든 나라에서 네트워크 마케팅은 하나 같이 맥도날드와 같은 과정을 거쳤다. 기존 업체들이 네트워크 마케팅 회사를 고발하고, 법정에서 네트워크 사업의 합법성을 인정받는 과정을 거쳐왔다는 것이다. 요즘에도 피라미드 운운하는 사람이 있다면, 정말 답답한 사람이다.(대개 이런 사람들은 나라가 자기 걱정해야 하는데 자기가 나라 걱정하는 사람이다.) 이제는 네트워크 마케팅이 시대의 트렌드다.

10여 년 전 우리나라 방송에서 네트워크 마케팅을 피라미드로 매도할 때, 세계 최고의 석학들과 각 분야의 리더들은 네트워크 마케팅을 극찬했다. 생각해 보라. 빌 게이츠나 앨빈 토플러의 말이 맞겠는가, 폭탄 맞은 머리 한 옆집 아줌마의 말이 맞겠는가?

인터넷상에도 안티 네트워크 마케팅 사이트가 있다. 많은 이견이 있을 수 있다. 그러나 이미 네트워크 마케팅은 우리 주변에 정착하기 시작했다. 그만큼 시장이 커졌다는 반증일 것이다.

당신에게도 몇 번의 기회가 지나갔을 것이다. 아마도 당신은 당당하게 이 비즈니스를 'no'라고 거절했을 것이다. 과거에 'no'라고 한 비즈니스가 다시 찾아왔듯, 오늘 'no'를 해도 얼마 후 다시 찾아올 것이다. 언젠가 다시 찾아올 것이라면, 오늘 알아보라.

네트워크 마케팅을 한 번에 이해하는 사람은 드물다. 지극히 상식적인 설명임에도 불구하고 지금까지 학습되어온 개념과 너무 다르기 때문이다. 제품을 파는 것이 아니라 제품을 바꿔 쓰는 것만으로 부자가 된다는 것이 한 번에 믿어진다면 그것도 이상한 일이다. 제품을 바꿔 쓰는 것만으로 시간과 돈으로부터 자유를 얻는 자산가가 된다는 것이 믿어지는가? 네트워크 마케팅은 언제, 누가 가져오느냐가 중요하다.

당신에게 오늘, 지금이 기회가 되기를 바란다.

12 뿔 달린 도깨비

네트워크 마케터의 머리에 뿔이라도 달렸나?

누군가 네트워크 마케팅에 대해 알아보거나 시작했다고
하면 주변이 시끄러워진다. 더러운 바이러스를 보거나 뿔
달린 도깨비를 보듯 한다. 도대체 왜 이런 일이 생겼는지 알
아보자.

비누세제협동조합이라는 유령 단체가 있었다. 이 단체는
한때 거대 언론사들을 앞세워 네트워크 마케팅 회사를 수개
월 간 전방위로 비방하여 국민들의 마음속에 네트워커들을
마치 뿔 달린 도깨비처럼 무섭고 사악한 존재로 인식시켜놓

았다. 네트워크 마케팅을 무서운 괴물이나 더러운 벌레 취급하게 만들어놓은, 몸통이 추측되는 꼬리로 한때 잠깐 존재했던 유령 단체다.

같은 시기 미국에서 네트워크 마케팅을 어떻게 대했는지 살펴보자. 클린턴 대통령의 네트워크 마케팅 격려사다.

미국 경제 성장의 역군이자 아메리칸 드림을 실현시키고 있는 직접판매인 여러분에게 말할 기회를 갖게 되어 기쁘게 생각합니다.

미국은 규칙을 준수하면서 열심히 일하고, 자신과 가족에 대한 의무를 기꺼이 지키는 모두에게 밝은 미래의 기회를 제공합니다. 그것은 미국의 근본적인 약속입니다. 저도 그렇게 해서 대통령이 되었고, 또 그것은 '네트워크 마케팅'이 매일 추구하는 목표입니다.

여러분 개인의 성공은 경제와 나라를 튼튼히 할 뿐만 아니라 다른 이들에게 기회를 제공합니다.

여러분은 또한 세계 경제 운동의 주역들입니다. 이미 전 세계에서 비약적인 성공을 거둔 바 있습니다. 지난해는 700만 명 이상이 네트워크 마케팅 업계에서 활동했습니다. 7만 명의 신규 판매인이 매주 새롭게 참가하고 있습니다.

기회 제공뿐만 아니라 여러분은 새로운 공동체를 건설 중입니다. 직업과 인종, 신념을 초월해 모두들 네트워크 마케팅의 기회를 잡으려 하고 있습니다. 그 중에 30만 명 이상이 65세가 넘은 노인입니다. 또한 50만 명 이상은 각종 장애인입니다. 또한 4분의 3은 여성입니다. 가족을 부양하고 자녀를 양육하면서도 역경을 헤치며 전진하고 있습니다.

여러분은 미국의 보편적 가치를 전 세계에 전파했습니다. 현재 50개 국에서 3000만 명이 디스트리뷰터로 종사하고 있습니다. 업계의 수년 간 성장 속도를 봤습니다만, 놀랄 수밖에 없었습니다.

개방된 러시아에는 디스트리뷰터가 10만 명, 중국에는 60만 명, 일본에는 250만 명, 한국에는 100만 명이었습니다.

우리가 해낸 것이 자랑스럽습니다. 우린 지난 4년 동안 미국 경제를 회생시켰습니다. 여러분의 성공에도 도움이 되었습니다. 1000만 개가 넘는 새로운 일자리와 60퍼센트의 재정적자 삭감, 낮은 이자율로 인해 남북전쟁 이후 처음으로 4년 연속 재정적자가 줄었습니다. 7년 반 만에 가장 낮은 실업률, 180만 명이 최저임금 수혜자에서 벗어났으며 아동복지기금이 40퍼센트 증대되었습니다. 지난 3년 간 스몰 비즈니스는 계속 기록을 경신중입니다.

저는 특히 많은 자영업자가 생긴다는 사실이 자랑스럽습니다. 정부는 이들에게 최대의 지원을 할 것입니다. 백악관도 모든 스몰 비즈니스 지원 방안을 강구중입니다. SBA(미국 중소기업청) 대출 절차 간소화는 그 좋은 예입니다. SBA는 여성에 대한 대출을 300퍼센트 증대시켰으며 자영업자에 대한 세금은 250퍼센트 감소시켰습니다.

스몰 비즈니스에 투자하는 모든 분들은 감세 대상입니다. 또 퇴직보험에서 제외함으로써 판매원 확보를 용이하게 했습니다. 최근에는 세금 부담을 더 줄이는 의미에서 건강보험을 이익 잉여금에서 충당하도록 조치했습니다. 아무쪼록 이런 조치가 큰 도움이 되기를 바랍니다.

하지만 판매인들에게 더 많은 기회가 제공되어야 합니다. 여러분의 성공도 그런 기회에서 비롯된 것이니까요. 그것이야말로 아메리칸 드림입니다.

사람들에게 꿈을 심어주며 보다 많은 사람들이 꿈을 갖게 하는 것에 감사드립니다. 여러분의 노력에 감사드리며 미국과 여러분에게 축복이 있기를 기원합니다.

세계 경제 운동의 주역, 새로운 공동체, 1000만 개가 넘는 일자리 창출, 미국 경제를 이끌어온 산업 역군들, 장애인·노인·여성 일자리와 소득 창출, 세금 혜택, 아메리칸 드림, 꿈의 실현 등을 담은 클린턴 대통령의 연설이다. 클린턴 대통령이 현직에 있을 때 텔레비전을 통해 방송된 내용이다. 이는 네트워크 비즈니스가 미국에서 이미 검증된 사업임을 반증한다. 무엇보다 엄청난 일자리를 창출한다. 대기업도 비정규직을 늘리지만 벤처기업, 중소기업, 사회적 기업, 네트워크 마케팅은 많은 일자리를 만들어 내니, 국가 경제를 튼튼하게 한다.

한국의 비누세제협동조합과 언론사들이 사기, 날조, 건강한 공동체 파괴 등의 단어로 네트워크 마케팅을 비방한 것과 대조적이다.

당시 네트워커들을 연일 계속되는 비방광고로 거의 사망 직전까지 몰아놓고는 발행부수가 적은 한겨레신문 한쪽 귀퉁이에 조그맣게 사과 광고를 게재하는 것으로 이 해프닝은 일단락되었다. 사람을 죽여놓고 '미안하다, 실수했다' 하는 식이다.

이럴 때 행정 관청들은 뒷짐 지고 있기 일쑤다. 우리나라는 비교광고가 불법이지만 미국은 합법이다. 미국은 소비자가 올바른 판단을 할 수 있도록 제도를 만들어놓았고, 우리는 자본을 가진 기업가 중심의 정책이기 때문이다. 아마도 대기업이 자신의 제품력에 자신이 있었다면 비교광고를 합법화했을 것이다.

여기 그 사과문을 옮긴다. 한국에서 네트워크 마케팅을 처음으로 시작한 암웨이 사가 비방 광고의 대상으로 몰매를 맞았던 사건에 대한 사과문이다.

한국 비누세제협동조합은 비방 광고 행위를 한 사실이 있음.

저희 조합은 1997. 4. 9~4. 28 기간 중에 중앙 일간지 등을 통하여 조합 회원사의 경쟁사인 주식회사 한국 암웨이에 대해 '암웨이의 실체를 파헤친다'라는 제목으로 광고함에 있어, 다단계 판매원의 비교실험 행위에 대해 '날조' '사기' 등과 같은 자극적이고 의도적인 용어를 사용한 표현, 유엔 환경프로그램 UNEP에서 받은 상을 "돈을 주고 산 삼사패"라고 표현한 내용, '디쉬드랍스'에 대해 "환경 파괴의 주범이며 범용 국산 세제에 비해 무려 세 배나 비싸다"는 내용, 암웨이 사에 대해 "무역 역조의 주범이고 우리의 건전한 공동체 의식까지 파괴하고 있다"

라는 내용과 같이 광고함으로써 소비자를 오인시킬 우려가 있는 비방 광고 행위를 하여 공정거래위원회로부터 시정 명령을 받았습니다.

앞으로는 공정거래법을 위반하지 않도록 하겠습니다.

1998년 1월 5일

이들은 근 1년 동안 연일 신문과 TV에서 잔인하게 네트워커들을 몰아붙였고, 그 결과 국내 네트워크 시장이 10분의 1 이상 축소되기에 이르렀다. '다단계＝피라미드＝죽일놈들'이라고 세뇌되었다.

당시 네트워크 마케팅 사업자들 중에는 돈도, 빽도, 학벌도 없지만 남들 뒤통수 칠 줄 모르고 그저 열심히 살던 사람이 대부분이었다. 자본금이 들지 않는 자영 사업에 인생을 걸고 열심히 비즈니스를 진행했을 것이다. 이런 선량한 소시민들 중에 악의적인 비방 광고에 타격을 입고 사업을 포기한 사람이 많았다.

이렇게 남의 사업을 악의적인 광고로 망쳐놓고도 언론은 책임지지 않는다. 물론 비누세제협동조합도 책임지지 않는다. 공정거래위원회도 할 일 했다. 셀 수 없이 많은 피해자만 남아 있다. 자본이 정의다.

언젠가 방송국에 근무하는 선배에게 "공영방송에서 정치적 사안도 아닌데 그렇게 거짓 방송을 합니까?" 하고 물어봤더니 "방송국 수입의 100퍼센트가 광고 수입이다. 대형 광고주들은 생활필수품 회사들이고…… 편집 의도가 있었겠지"라고 했다.

광고주의 이익에 반하는가 아닌가가 진실 보도보다 앞서는 고려 사항이다. 이해는 된다. 그럴 수도 있다. 늘 해오던 일이다. 하지만 씁쓸함을 감출 수 없다. 아직 우리 사회는 천민자본주의다.

13 출격장부

시험을 즐기는 사람은 드물다. 항상 합격자는 소수이고, 대다수가 불합격의 쓰라림을 맛보기 때문이다. 인생을 자기 색깔대로 멋있게 사는 사람을 옛사람들은 출격장부라 했다. 주어진 틀에 길들어져 사는 것도 좋지만 틀을 뛰어넘어 자유롭게 사는 사람을 칭하는 말이다.

역사의 한 획을 그은 빌 게이츠와 스티브 잡스는 학교를 중퇴했다. 제도에 순응하는 것은 편하기는 해도 자유를 얻기는 어렵다. 자유와 안정, 두 마리 토끼를 한꺼번에 잡기란 쉽지 않다. 자유를 꿈꾸는 사람은 도전을 해야 한다. 안정을 원하는 사람은 기존 제도에 순응하는 길을 택한다.

시험에 패스하는 것을 합격(合格)이라고 한다. 합격이라는 말은 기존의 틀에 합당한 사고와 행동규범을 가진 사람이란 뜻이다. 결정론적 세계관은 답이 있다. 결정론적 세계관을 가진 사람들은 생각이 다른 사람을 인정하지 않는다. 우리는 끊임없이 기존의 제도와 세계관에 길들여지도록 학습받아 왔다. 윤리, 도덕, 법률도 처음 제정될 때, 정치적 목적이 있다.

학교에서는 선생님, 직장에 가면 상사, 집에서는 부모님 말씀을 잘 들으면 합격이고, 생각이나 행동이 튀면 불합격이다.

기득권층에서 대중을 균질화시키는 역할을 하는 것이 시험을 통한 합격이다.

인재등용 방식에 따라 그 사회의 운명이 결정된다.

새로운 조직이 출발할 때는 능력제로 인재를 선발하기 위해 시험을 친다. 조직이 안착되면 세습제로 인재등용 방식이 바뀐다.

국가고시도 기존 이데올로기에 합당한 사고를 하는 사람을 선발하는 것이 목적이다. 바르고 정직한 사람을 뽑는 것이 아니라 머리 좋고 순종적인 사람을 뽑는다. 소수의 합격자는 기득권에 편입되고, 다수의 불합격자는 삶이 괴롭다. 현실이 괴로워 불평불만을 가질 수 있으나 불만을 가지면 안 된다. 왜냐하면 국가는 시험제도로 모두에게 기회를 주었으나 자신이 실력이 부족해 불합격했기 때문이다. 그러니 불만을 갖지 말고 현실을 감수하고 살라는 뜻도 시험제도에는 들어 있다.

우리나라의 시험은 대개 서열을 가르기 위해 존재한다. 그러나 세계 최고의 교육 강국인 핀란드는 다르다. 언젠가 TV에서 핀란드의 학교 시험시간을 방영했다. 문제를 푼 학생들이 교사에게 답안지를 제출하고 교실 밖으로 나갔다. 그런데 한 학생의 답안지를 받아본 교사가 그 학생에게 다시 생각해 보라고 돌려보냈다. 그래도 학생이 감을 잡지 못하자 '이러이러한 방식으로 생각해 보면 어떨까' 하고 힌트를 주고 학생을 다시 돌려보냈다. 잠시 끙끙거리던 학생이 나름대로 문제를 풀어오자 교사는 수고했다고 격려하며 학생을 내보냈다. 그러면 공정한 평가가 불가능하지 않느냐고 묻자 교사가 말했다. 시험의 목적은 문제를 통해 새롭게 생각하는 법을 길러 사고를 넓히고 학생들의 실력을 기르기 위해서지 성적으로 학생들을 줄 세우기 위함이 아니라고.

맞는 말이다. 시험을 통해 실력을 기르고 세상을 이해하는 폭을 넓히는 것이 중요한 것이지 그깟 영어단어 몇 개, 수학 공식 몇 개를 외우는 것이 뭐 그리 중요한가? 핀란드는 낙오자를 없애기 위해 교육을 하고 시험을 보는 것이다. 그래서 핀란드의 학생들은 학교가 즐겁고 시험이 행복하다.

기존의 많은 제도와 시험이 당면 문제를 해결하기에 적절할 수도 있지만 그 틀을 넘어 대중과 다르게 생각하고 다른 선택을 해야 할 때도 있다.

당신이 기존 제도에 길들여진 사고를 하는 한 미래에 안정적인 소득을 얻기는 힘들지도 모른다.(직장인은 부자가 되기 어렵다. 대한민국 학교 교육은 직장인을 양성하고 훈련시키기 위해 존재한다.) 네트워크 마케팅은 기존의 패턴과는 다른 방식이다. 기득권층에서는 당연히 불편하게 받아들일 것이다.

네트워크 마케팅은 자유와 안정을 한꺼번에 성취하는 신선한 비지니스다. 기존의 틀을 넘고자 하는 자유로운 영혼을 가진 사람만이 이해하고 성취할 수 있다. 문제는 네트워크 마케팅이 아니라 그것을 알아볼 수 있는 '당신'이다.

자녀교육 유감

　자녀를 돈으로 키우는 현 교육의 실태는 모두의 삶을 힘겹게 만든다. 요즘은 발표도 잘 하지 않지만 자살하는 학생이 너무도 많다. 그렇게 부모와 학생 모두가 어렵게 공부를 하건만 취업도 쉽지 않다. 그래도 다른 길이 없으니 모두가 아는 길로만 가려 한다.

　1년에 학교를 떠나는 초·중·고교생이 2005년에는 2만 명이었는데 2009년에는 7만 2000명이나 되었다. 이중 대안학교와 유학생, 일부 홈스쿨링을 하는 학생을 제외하고 나머지 절대 다수의 아이들은 어디에서 절망적인 삶을 살고 있는지 통계도 없다.

지금 군에 가 있는 아들이 고등학교를 대안학교로 진학했다. 학교에 간 지 3주 만에 아들은 말했다.

"아버지 감사합니다."

"뭐가?"

"학교가 이렇게 행복하고 즐거운 곳인지 몰랐어요!"

돌아보면 나는 인생에서 가장 행복한 청소년기를 성적 하나 잘 받기 위해 새벽부터 자정 가까이까지 차디찬 교실에서 보냈다. 그래서 나는 내 아들이 선생님들과 친구처럼 정겹게 지낼 수 있고, 활기찬 친구들과 자연 속에서 아름다운 추억을 만들며 청소년 시기를 보낼 수 있다면, 먹고 사는 문제는 나중에 고민하기로 했다.

예나 지금이나 열심히 경쟁해서 이긴다고 한들 모두가 먹고 사는 문제가 해결되지 않기는 마찬가지인 듯하다. 이래도 저래도 답이 없다면 나중을 위해 오늘의 행복을 참는 것은 옳지 않다는 생각을 했다. 물론 우리 부부가 이런 결정을 하기까지 많은 고민을 한 것도 사실이다. 새로운 길, 가보지 않은 길을 가기로 결정할 때는 용기가 필요하다. 나중을 위해 오늘의 행복을 유보하기보다 지금 행복할 수 있다면, 그것을 선택할 수 있는 용기를 갖는 것도 좋지 않을까?

가수 이장희는 "세상에는 평생 돈만 벌다 죽는 남자와 돈을 벌어놓고 죽는 남자, 두 부류의 남자밖에 없다"고 했다. 씁쓸한 현실이다.

우리의 행복도 양보할 수 없이 중요한 문제이지만 무엇보다 우리 아이들이 행복하면 좋겠다. 아니 우리가 그 정도는 책임지고 만들어줘야 한다.

대안학교나 홈스쿨도 좋고 검정고시도 좋다. 방송통신대 진학은 어떨까?(어차피 현재의 대학 교육은 취업을 위한 학원 수준을 넘지 못한다.) 검정고시와 방송통신대로 과정을 밟으면 중·고·대학까지 4~5년이면 마칠 수 있다. 시간도 돈도 절약되고, 무엇보다 폭력적이고 비생산적인 지금의 학교교육에서 벗어나 자유로운 청소년기를 보낼 수 있지 않을까? 공부가 하고 싶거나 필요하면 대학원에 가서 열심히 해보면 좋을 것이다.

20세가 넘은 청년들에게 학비와 용돈을 주는 나라는 전 세계에 4퍼센트가 안 된다고 한다. 영화배우 성룡은 자녀에게 유산을 남겨주지 않겠다고 했다.

"나는 내 자식을 믿습니다. 자신의 문제 정도는 스스로 해결할 것입니다. 그러니 재산을 물려줄 이유가 없습니다. 설사 내 자식이 능력이 없어 자신의 인생도 책임지지 못한다면, 물려줘 봐야 소용없을테니 역시 물려줄 필요가 없습니다."

일본 청년들은 우리보다 10년 빨리 경제공황을 겪었다. 그때 일본 사회는 오늘날 한국의 현실처럼 취업이 극히 어려웠고, 취업이 된다 해도 직장이 자신의 미래를 보장해주지 않았다. 그때부터 일본의 젊은이들은 대대적으로 네트워크 마케팅을 시작했다. 미국 또한 인터넷이 널리 보급되자 네트워크 마케팅 사업자의 평균 연령이 20대로 낮아졌다.

굳이 네트워크 비즈니스가 아니라도 좋다. 젊은이라면 자기 스스로의 목표를 갖고 도전해 봐야 한다. 학벌, 직장, 부모에게 기대지 말고 자신의 일을 해야 한다. 젊음을 불태울 보람 있고 의미 있는 일을 찾는 것이 가장 중요하다.

15 옆집 아줌마

한국의 학교는 취업 준비를 시키는 학원 수준이다. 취업 가능한 상위 5퍼센트의 학생들만을 위해 존재하는 듯하다.

절대 다수가 취업이 어렵다면 직장인을 양성하는 교육 시스템을 바꿔야 하지 않을까? 제조사가 돈을 받고 상품이나 서비스를 판매했는데 시장성이 떨어지거나 고객의 만족도가 낮다면 제조 방법을 바꾸는 것이 당연하다.

국민 세금과 부모의 돈으로 학생을 키우는 곳이 학교다. 95 퍼센트 이상의 학생들이 인생에서 가장 아름다운 청소년기를 가방만 들고 시계추마냥 학교를 다닌다. 자연과 사람에게 격리된 아이들은 차디찬 기계를 친구 삼고 성적에 지쳐, 갈수록 건조하고 거칠어진다. 인욕의 기간을 마치고 학교를 나서도 취업은커녕 주체적인 사회인이 되지 못한다. 그러나 학교는 시스템을 바꾸지 않는다. 국가가 있는 한 절대 망하지 않기 때문이다. 오히려 학교는 학생 대부분이 졸업 후 취업을 못해도 '네 머리가 나빠서', 혹은 '노력을 안 해서', '성격 때문에'라고 부모와 학생 탓으로 돌린다.

학교는 변화에 늦다. 학교는 이미 폐기된 사회 시스템을 가르치기 때문이다. 정보화 시대 네트워크 사회에서 산업화 시설을 구비하고 농경시대 마인드의 교사들이 학생들을 지도하고 있기 때문이다.

당신은 당신의 자녀가 어떤 삶을 살기 원하는가?

당신은 자녀가 원하는 일을 찾도록 기다려주는가?

부모들이 변해야 한다. 학교도 국가도 학생들의 미래를 책임지지 않는다. 자녀들이 스스로 생각하고, 질문하는 방법을 터득하게 하라. 생각하고 질문하는 법을 알게 하라. 자신을 믿고 사랑하게 하라. 많은 시행착오와 고민 끝에 자녀들 스스로 자신이 하고 싶은 일을 찾을 것이다. 하고 싶은 일을 찾으면 자발적으로 공부하고 도전할 것이다. 자기가 좋아서 하는 일은 못 말린다. 게임 좋아하는 아이를 보라. 잠도 자지 않고 게임을 한다.

독립적이고 진취적으로 자식을 키워야 한다고 생각은 하지만 막상 자기 자식 문제에 봉착하면 별 다른 수가 없다. 옆집 아줌마가 시키는 모든 교육을 당연히 내 아이도 시켜야 한다. 그래서 대한민국 교육의 기준은 옆집 아줌마라고 하는 말이 있을 정도다.

작금의 대한민국 교육은 모두 돈이 해결한다. 연 날리기 대회를 위해서도 과외를 받는 학생이 있다. 개천에서 용 나는 것은 이런 시스템에서는 정말 드문 일이 됐다. 아주 특별한 경우를 제외하고 대부분의 경우 부모의 경제력과 아이의 성적은 비례한다. 할아버지의 경제력, 아빠의 무관심, 엄마의 정보력이 있어야 결과를 낸다는 우스갯소리도 있다. 옆집 아줌마를 따라하자니 돈이 필요한 것이다. 당신이 무서워할 대상은 네트워커가 아니라 옆집 아줌마다.

16 모두가 성공한다면 피라미드 판매다

네트워크 마케팅을 하는 사람들 중 상당수가 중도에 포기한다. 고시공부도 중도에 포기하는 사람이 수백 배 더 많고, 대기업에 입사한 사람 중에도 중도에 밀려 나가는 사람이 임원이 되는 사람보다 압도적으로 많다. 사관학교 출신 중에서도 참모총장은 한두 기수에 한 명 정도 나온다.

사업을 하는 사람이 모두 성공한다면 그거야말로 이상한 것이 아닌가? 네트워크 마케팅도 간만 보고 포기하는 사람이 열에 아홉이다. 네트워크 사업을 시작한 사람 중 연금과 같은 소득을 만드는 사람은 10퍼센트 정도밖에 안 된다.(이

런 확률도 바른사회와 시스템이 있는 경우에만 적용된다.) 모두가 성
공한다면 그야말로 피라미드 판매다. 네트워크 마케팅은 그
래서 중도에 포기하지 않는 꾸준함이 필요하다.

17 허리 굵은 개와 다리 굵은 개가 싸우면?

물론 힘센 개가 이긴다. 학교에서 배운 바와 다르게 세상에서는 옳고 정의로운 사람이 이기는 것이 아니라, 이기는 사람이 정의가 된다.

대만은 중소기업이 튼튼한 구조를 가지고 있다. 이에 반해 우리나라는 대기업 독식 구조다. 어느 구조가 옳다는 말을 하려는 것이 아니라 현실이 그렇다는 것이다.

중세시대에는 태양이 지구 주위를 돈다고 생각했다. 그래서 지구가 태양 주위를 돈다고 하는 사람은 마녀사냥으로 화형에 처했다. 천동설은 그 시대의 정의였다. 교황청에서 지동설을 인정한지, 그리 오래되지 않는다.

'법 없이도 살 사람' 치고 잘사는 사람 없다. 사람이 돈을 버는 게 아니라 돈이 돈을 벌기 때문이다. 학연이나 지연을 이용해 돈을 버는 것은 정당하지 않지만, 현실을 들여다보면 학연이나 지연이 돈을 버는 데 상당부분 기여함을 알 수 있다. 이런 세상에서 돈, 빽, 학벌 등이 적용되지 않는 것이 바로 네트워크 비즈니스다.

옳다고 하는 것이 아니라 필요하면 하는 것이다. 당신은 직장이 옳아서 다니는가? 그렇지 않을 것이다. 직장에서 받는 수입에 의존된 삶을 살고 있으니 그냥 다니는 것 아닐까? 잘 알아보라. 자본주의 게임의 룰 중에서 가장 깨끗한 비즈니스를 만나게 될 것이다.

지금 하고 있는 일을 계속 하거나 직장 수입에만 의존하면, 생활비는 벌 수 있을지 모르지만 라이프스타일을 상승시키기는 어려울 것이다. 네트워크 비즈니스는 자산소득이기 때문에 당신의 미래뿐 아니라 현재의 라이프스타일도 바꿀 수 있다.

문제는 네트워크 마케팅이 아니라 그것을 알아볼 수 있는 당신의 안목이다. 누구나 들으면 이해가 되는 상식적인 이야기다. 단지 당신이 믿지 못할 뿐이다.

　명심하라. 아무리 열심히 해도 하던 대로 해서는 빈민층밖에 안 된다. 주위 사람들을 보라. 모두가 죽겠다고 아우성 아닌가. 하루 평균 자살하는 사람이 42명, 20년 전의 5배다. 삶의 질이 점점 낮아지고 있다.

　새로운 소득이 필요한가? 자산소득이 필요한가? 필요하면 네트워크 마케팅을 하라. 당장 먹을 쌀도 없는 사람이 남 꿔 줄 쌀 걱정하지 말고!

18
비워야
채워진다

학생들을 성적으로 평가하고 서열을 중시하며 줄 세우기 해서 대학에 입학시키는 우리나라와 달리 프랑스에는 대학의 이름조차 없다. 파리1대학, 파리2대학, 3, 4, 5, 6, 7대학, 이런 식이다. 대학의 서열화가 당연시된 우리나라 사람들에게는 어색함을 넘어 충격일지도 모른다.

인문학은 '인간과 사회, 역사를 보는 방식'에 관한 학문이다. 그래서 정답이 없다. 자연과학에는 정답이 있지만 인문학에는 정답이 없다. 인문학에 정답을 정해 시험을 치는 것은 구성원들로 하여금 동일하게 사회를 보도록 세뇌시키기 위함이다. 중세시대에는 모두가 신학을 배웠고, 유교시대에는 유교적 질서를 가르쳤다. 유교 이데올로기 시대의 과거 시험 과목은 유교 서적이었다.

자연과학에 답이 있는 것은 맞지만, 인문학에 정답이 있는 것은 모순이다. 기득권층은 기존의 정치 체계나 지배 이데올로기를 세뇌하고 학습시키기 위해 인문학에 정답을 정해 주입시켰다. 프랑스와 달리 우리나라에서는 인문학에도 답을 정해 가르치고 있다.

사는 데에는 답이 없다. 부엌에 가면 아내 말이 맞고, 안방에 가면 어머니 말이 맞다. 모두 맞는데, 며느리도 괴롭고 시어머니도 괴롭고 그 사이에 낀 아들도 괴롭다. 모두가 옳지만 모두가 괴롭기도 하고, 모두가 부도덕한데 그들끼리는 잘 살기도 한다. 어찌 보면 사는 게 코미디다. 모든 사람을 만족시키고 모두가 좋아하는 절대적인 법 또한 없다.

컵에 구정물이 가득 담겨 있다면 아무리 감로수를 부어도 구정물이 되고 만다. 공산주의와 자본주의를 만든 유럽인들은 문제점이 발견되자 수정자본주의, 수정공산주의, 사회주의 등으로 제도와 사상을 바꿔왔다. 그런데 우습게도 그들에게 사상을 수입한 북한은 구 소련보다 더 지독한 공산주의

체제를 고수하고 있고, 남한은 미국보다 더 완고한 자본주의 체제를 고수하고 있다. 사상을 만든 원조는 문제가 생기자 인간을 중심에 두고 제도와 주의를 개선해 가는데, 그들에게 사상을 수입한 국가에서 일자(一字) 일구(一句)도 못 바꾼다고 버티고 있다. 코미디도 이런 코미디가 없다.

무엇보다 사람이 우선이다. 그러므로 사람의 자유와 행복을 중심에 두고 사상과 종교, 제도를 적절히 적용하는 것이 바람직하다. 기존의 것이 무엇이든 고정관념을 버리고 마음을 활짝 열어야 새로운 정보가 들어온다. 세상은 생각의 속도보다 빠르게 변하고 있다.

비워야 채울 수 있다. 서커스의 공중그네 묘기와도 같다. 능숙한 프로는 적절한 순간에 잡고 있던 그네를 놓고 공중으로 높이 떠올라 몇 바퀴 돌고 반대편의 그네를 멋지게 잡는다. 반면 아마추어는 떨어지는 것이 무서워 잡고 있던 그네를 적절한 순간에 놓지 못하기 때문에 반대편 그네를 놓치고 떨어진다.

일단 당신의 생각을 비우라. 비운 다음 알아보라. 손에 쥐고 있는 모래를 놓아야 금덩이를 가질 수 있다. 알고 있는 것에서 자유로워야 진정으로 자유로운 것이다.

19 자연복원하는 법

자연을 가장 완벽하게 복원하는 법은 인공구조물이나 약을 투여하는 것이 아니다. 자연을 복원하는 가장 완벽한 방법은 자연 그대로 내버려두는 것이다. 그대로 방치해두면 자연은 스스로 복원해 나간다.

건강을 유지하기 위해서 보약을 먹지만, 그보다 더 좋은 건강 비결은 건상을 해치는 음식을 먹지 않는 것이다.

마음도 마찬가지다. 마음을 밝고 건강하게 만들려면 마음을 건강하게 만드는 무언가를 하는 것도 의미가 있겠지만, 마음을 지치고 오염시키는 것을 덜어내는 것이 더 중요하다. 옛 어른들이 "아무리 좋은 금가루도 눈에는 없느니만 못하다"고 했다.

존재 자체가 답을 가질 수도 있지만 존재를 대하는 내 자신이 답을 가지고 있을 수도 있다. 네트워크 비즈니스가 어려운 것이 아니라 비즈니스를 하는 네트워커의 마인드가 문제일 수도 있다는 말이다.

운전을 배우고 처음 자동차를 몰고 도로에 나가면 모든 차들이 나를 향해 덤벼드는 듯하다. 다른 차들이 무서워 운전을 못하겠다고 생각하면 절대로 운전을 할 수 없다. 복잡한 생각을 버리고 내 차선만 보고 가면 운전은 저절로 된다. 내 차선만 보고 내 할 일만 하면, 언젠가 좌우는 물론이고 뒤에 오는 차들까지 모두 눈에 들어오게 된다. 나만 제대로 하면 된다.

네트워크 비즈니스를 하려는 사람 중에는 고민만 하다가 지쳐 그만두는 사람도 많다. 막상 사업을 시작한 사람 중에도 고객 앞에서 제대로 말도 못하고 돌아와 자책하기 일쑤인 사람들도 허다하다. 상대가 두렵더라도 긴장하지 말고 내 할 일만 하라. 내 차선만 보고 가면 운전을 쉽게 배울 수 있다는 사실을 기억하고 말이다. 잘하려고 긴장하지 말고 내 할 일만 하자.

장마철 지나며 옷 안 젖을 수 없다

성공에는 대가가 필요하다. 그러나 실패하면 더 큰 대가를 지불해야 한다. 살던 대로 살면 아무 문제가 없다.

남들과 다른 방식으로 살기로 하고 성공하려면 변화해야 한다. 유태인 속담에 "변화를 좋아하는 사람은 기저귀 젖은 아이밖에 없다"라는 말이 있다. 누구나 변화가 두렵다. 성공하겠나는 말은 변화하겠다는 뜻이다.

네트워크 마케팅에서 요구하는 변화는 습관을 바꾸는 것이다. 수동적인 삶에 길들여진 마인드와 습관을 바꾸는 것이다. 대단한 자격이나 남다른 실력을 갖추기 위해 변화를 요구하는 것이 아니다. 그렇지만 TV 볼 시간에 책을 읽는 정도의 습관 변화는 되어야 한다. 이 정도도 못하면 다른 사람의 성공을 구경하는 구경꾼으로 살아야 한다.

장마철 지나며 옷 안 젖을 수 없다. 남다른 삶을 살고자 한다면 남다른 시간을 보내야 한다. 남과 다른 행동을 시작하면 주변에서 비난과 질시가 쏟아질 것이다.

몸에 좋지 않은 술도 먹고 싶으면 돈을 지불하고 먹지 않는가? 살다보면 바람직하지 않은 일에도 시간과 돈을 지불하게 된다. 그러니 의미 있는 일에 시간과 노력을 지불하는 것은 당연하다. 이 비즈니스는 인생을 바꾸는 일이다. 시간과 돈으로부터 자유를 얻고자 한다면 대가를 지불할 각오를 하라.

네트워크 마케팅은 사업이다. 잊으면 안 된다. 자리만 지키면 매달 임금이 나오는 직장과는 다르다. 사업가적 마인드로 거듭나야 한다. 어색하고 불편한 일을 하지 않으면서 대가를 바라는 것은 모순이다.

21 임금님 귀는 당나귀 귀

　국내법상 교원과 공무원은 네트워크 마케팅 회원가입이 불가능하게 되어 있다. 교원이나 공무원이 근무시간에 사업을 하거나 직위를 이용해 학부모나 민원인에게 피해를 주었다면 당연히 처벌하면 될 것이다. 교사가 퇴근 후 자신의 취미를 살려 커피전문점을 운영한다고 국가가 처벌해야 하는가? 공무원이 퇴근 후 댄스 학원에서 댄스를 가르친다고 처벌해야 하는가?

　거짓 기획 기사를 쓰는 기자들도 많다. 그렇다고 언론사를 다 없앨 수는 없다. 판사가 판결을 잘못했다고 법원을 없앨 수도 없다. 대통령이 거짓말을 밥 먹듯이 한다고 정부를 없앨 수는 없지 않은가?

네트워크 마케터 중에도 잘못하는 사람이 있다. 그게 정상이다. 그런데 법으로 인정한 네트워크 비즈니스임에도 불구하고 교사나 공무원이 직위를 이용해 비즈니스를 잘못할 수도 있으니 아예 네트워크 마케팅 회원가입도 해서는 안 된다고 하는 논리는 설득력이 빈약하다. 이건 철학의 문제다.

우리는 지금 군사독재 시대가 아닌 민주주의 사회에 살고 있지 않은가? 국민은 자유와 행복을 위해 국가에 세금을 낸다. 사람이 살다 보면 문제는 항상 생기게 마련이다. 문제를 일으킨 당사자가 누구이든 사안에 맞는 처벌을 하는 것이 법치국가가 할 일이다. 그렇게 하지 않고 마치 교사나 공무원 모두를 예비 범죄자 취급해서는 곤란하다.

자본주의 사회에서 자신의 자유의지에 따라 퇴근 후에 또 다른 소득을 만들고자 노력하는 사람을 제약해서는 안 될 것이다. 대다수의 대기업들 역시 직원들이 퇴근 후 네트워크 비지니스를 하는 것을 음성적으로 관리하는 폭력을 휘두르고 있다.(직원을 행복 추구권이 있는 소중한 파트너로 보지 않고 봉급을 주는 종으로 보기에 가능한 일이다.)

우리 사회는 안전망이 없다. 그래서 또 다른 수입을 찾는 것이 아닌가? 국가가 복지를 위해 노력을 해야지 열심히 사는 국민을 예비 범죄자로 만들면 블랙코미디다.

이런 말도 안 되는 조항을 만든 사회 수준도 우습지만, 이를 아무 갈등 없이 받아들이는 교사나 공무원 또한 자기 권리도 주장 못하는 사람들이라고밖에 생각되지 않는다. 이래서 우화 '임금님 귀는 당나귀 귀'가 공감을 준다.

이런 조항을 보면 국가가 국민을 위해 봉사하는 것이 아니라 상전이라는 느낌을 지울 수 없다. 민주국가는 국민이 주인이 되어야지 국가가 국민의 상전이 되어서는 곤란하다.(민주주의에서 자유를 억압하면 안 되고 자본주의에서 세금이 불공정하면 안 된다.)

홈쇼핑 사이트에 회원가입해서 생필품을 구입하는 것도 국가가 '된다' '안 된다' 하고 일일이 간섭한다면, 정말 이상한 나라가 아닌가?

22 관성의 법칙

몸에는 피가 돌아야 하듯 조직에는 돈이 돌아야 한다. 선진국에서 연구된 바에 의하면, 갯벌을 메우는 것이 장기적으로 4~5배 경제 손실을 가져온다고 명명백백하게 밝혀졌음에도 불구하고 왜 죽기 살기로 새만금을 개발할까? 새만금을 개발하면 수자원공사 전 직원의 몇 년치 봉급이 나온다고 한다. 멀쩡한 보도블럭을 연말이 되면 교체하고 아름다운 강변을 시멘트로 포장한다.

조직이 조직의 유지·확대에 매진하는 것이 언뜻 당연해 보이듯, 만물은 관성의 법칙 아래 움직이는 것이 당연하다.

관성에 따라 순응하기는 쉽지만 관성에서 벗어나려면 몇 배의 힘이 필요하다. 그래서 선택도 능력이다.

역사 이래 기득권층이 스스로 기득권을 내려놓은 적은 한 번도 없다. 그들에게는 구성원들의 자유와 행복보다 자신들의 기득권 유지가 더 큰 관심사였을 것이다.

개인만 거짓말을 하는 것이 아니라 조직이나 국가도 거짓을 행한다.(언론, 국가나 대형 조직의 거짓은 정말 문제다. 아이들에게 정의를 가르칠 수 없는 사회는 미래가 없다.) 자신의 행복과 자유는 누가 거저 선물로 주지 않는다. 스스로 찾아야 하고 때로는 쟁취해야 한다. 그 누구에게도 당신의 자유와 행복을 빼앗기지 마라.

23 건강해지려면?

건강해지려면 직접 줄넘기를 하거나 야구 배트를 휘둘러야 한다. 운동선수들은 운동에 소질이 있어 자신이 좋아하는 운동을 하고, 직업이 된다. 좋아하고 잘하는 일을 하니 즐겁다. 그들은 명예도 얻고 돈도 많이 번다. 물론 일류가 되기 위해 남다른 노력이 필요함은 기본이다.

반면 관중석에 있는 사람들은 소주에 오징어를 먹어대며 선수 연봉이 얼마고, 가정사가 어떻고, 타율이 어떻고 등등 남 얘기만 한다. 진짜 건강해지려고 한다면 관중석에만 있지 말고 스스로 운동을 해야 함에도 불구하고 구경만 하고 있다.

운전면허 시험에 만점을 받은들 무슨 소용이 있는가? 된장찌개 레시피를 몇 가지씩 가지고 있다 한들 무슨 의미가 있을까? 운전을 직접 하고 요리를 직접 해야 면허시험과 레시피가 의미를 갖는 것이다.

네트워크 마케팅의 바른 원리를 익혔다면 이제는 직접 사업을 진행해 보자. 그 다음은 확률게임이다. 움직이는 횟수에 비례해서 결과가 나온다. 고민하지 말고 움직여라. 가볍고 즐겁게! 움직이고, 만나고, 말하라! 건강해지려면 운동을 해야 하듯 고민만 하지 말고 직접 뛰어라.

네트워크 마케팅만이 아니라 뭐든 마찬가지다. 머리나 마음이 아니라 몸으로 하라. 머리로 익힌 영어단어는 금세 잊어버리지만 몸으로 익힌 자전거나 수영 실력은 쉽게 없어지지 않는다.

양이 차면 질로 변한다. 인내와 끈기로 움직여라. 천부적인 재질을 타고나지 않았으면 성실하게 노력해서 양으로 승부해야 한다. 돈을 쓰는 건 즐겁지만 버는 것은 쉽지 않다. 큰돈을, 그것도 연금 같은 돈을 벌고자 한다면 새로운 노력을 해야 한다. 그렇게 이루어내야 한다.

제 일은 제가
알아서 하겠습니다

오래전에 아이가 초등학교에 입학했을 때, 하루는 가훈을 적어오는 숙제를 내밀었다. "우리 집에는 가훈 같은 것 없다"고 했다. '이참에 가훈을 하나 만들까?' 생각한 것이 바로 '적당히'다. 부모와 자식 간이나 친구지간, 상사와 부하 직원, 부부 사이에도 적당한 거리와 예의가 있어야 한다.

부모들은 혼신의 힘을 다해 자식들 뒷바라지를 해주고도 나중에 원망을 듣기 일쑤다. '나에게 해준 게 뭐가 있느냐?' '다 부모 욕심에 내 인생이 이렇게 됐지, 내가 언제 해달라고 했느냐?' 등등. 적당한 거리를 두고 예의를 지켜가며, 자식이 필요해서 요구할 때 못 이기는 척 해주면 될 텐데!

모든 사람 사이에는 적당한 거리가 있어야 한다.

어떤 노총각 인기가수는 "왜 장가를 안 가느냐?" "눈이 너무 높은 게 아니냐?" 등 사생활에 대한 질문에 애를 먹다가 하루는 이렇게 대답했다고 한다.

"제 일은 제가 알아서 하겠습니다."

히딩크 전 축구 국가대표팀 감독이 초기에 성적이 좋지 못할 때였다. 그의 애인 엘리자베스가 축구 합숙소에서 잘 자고 갔다는 소식을 접하고 기자들은 건수를 잡았다는 듯이 그의 애인에 대한 질문을 해댔다. 그때 히딩크가 그 기자를 어이없다는 듯 쳐다보며 이렇게 말했다고 한다.

"나는 축구 감독이고 당신은 축구 기자다. 축구에 대한 질문을 하라. 그러면 어떤 질문이든 대답하겠다."

네트워크 마케팅을 알아보고 결정할 때 당신은 나름대로 많은 검토와 고민을 했을 것이다. 무책임한 타인의 말 한 마디에 당신의 결정을 바꾸지 마라. 당신 일은 당신이 알아서 하라. 그들은 놀고 즐기는 데에만 어울리는 사람들이다. 그들은 당신 인생이 바닥을 칠 때 동정은 해도 책임은 지지 않는다.

서로간에 적당한 거리를 두고 예의를 지키는 것이 좋다.

당신의 인생은 당신이 책임지는 것이 맞다. 누군가 네트워크 비즈니스를 하는 당신을 걱정하거나 비난하면 이렇게 대답하라. "제 일은 제가 알아서 하겠습니다."

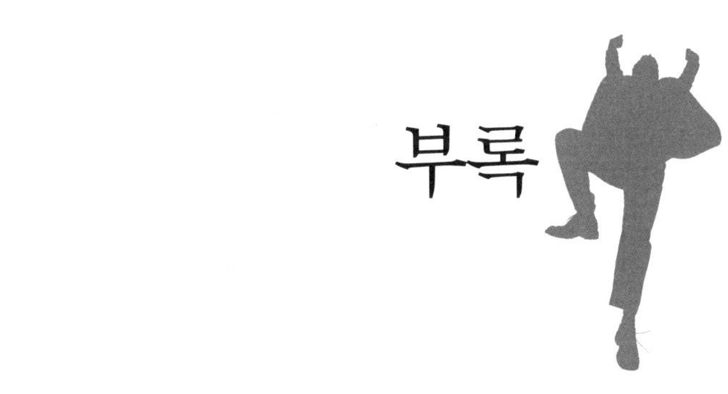

부록

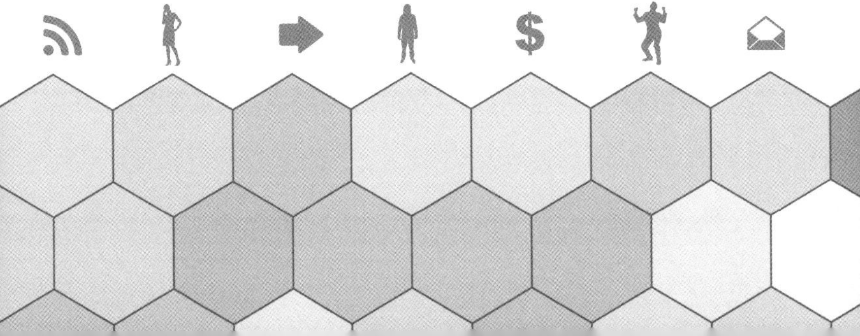

네트워크 마케팅과 피라미드 판매의 차이

일류는 단순하다. 어느 사회 어느 조직에서나 일류는 에너지가 넘치고 자유롭다. 항상 이류나 삼류들이 카르텔을 형성해 조직에 기생한다.

운동이든 예술이든 수행이든 비즈니스든 고급 기술은 단순하다. 동작이 화려하다고 싸움을 잘하는 것이 아니다. 과정이 복잡하고 설명이 복잡하면 사이비인 경우가 많다.

네트워크 비즈니스도 마찬가지다. 기왕 네트워크 비즈니스를 하려면 심플한 시스템으로 성공한 회사를 선택하라.

우리 사회는 몇년 주기로 피라미드 판매가 극성을 부린다.

몇 해 전에는 SMK와 JU가 큰 사회문제가 됐었다. 최근에는 송파구를 중심으로 피라미드 판매가 극성을 부려서 '송파 다단계'라는 유행어도 생겼다.

급하게 돈을 벌고 싶은 마음에 피라미드 판매를 시작하면 자신은 물론 주위 사람들에게 많은 피해를 입히게 된다. 또한 번 피라미드 판매를 했던 사람은 나중에 올바른 네트워크 마케팅을 만나 사업을 하려고 해도 이미 잃어버린 신용 탓에 성공하기가 어렵다.

올바른 네트워크 마케팅과 피라미드 판매를 구분하는 핵심이 되는 몇 가지를 살펴보자.

	가입비	의무구매, 의무 판매량	하위 판매원 확보 의무	환불 조건	주요 제품
피라미드 판매	강제 징수	있음	있음	불가	내구재
네트워크 마케팅	없음	없음	없음	가능	생필품

네트워크 마케팅은 진입과 탈퇴가 자유로워야 한다. 피라미드 판매는 진입 장벽도 높고 탈퇴도 자유롭지 않다. 어떤 형태로든 회원 자격을 갖추기 위해 물품을 구매해야 하는 회

사는 피하라. 큰돈을 쉽게 벌 수 있다고 호객행위를 하는 회
사도 주의해야 한다. 첫 미팅에서부터 쉽게 큰돈을 벌 기회
가 있다는 회사가 있으면 뒤도 돌아보지 말고 나와도 좋다.

대가 없는 결과란 없다. 빠르고 쉽게 돈을 벌려면 고가의
내구재가 주 아이템이 되어야 한다. 하지만 내구재의 단점
은 반복구매로 이어지지 않는다는 것이다. 반복구매로 이어
지지 않는 사업은 진정한 네트워크 사업이라고 할 수 없다.
한때 한국 사회를 휩쓸었던 자석요 사업을 생각해 보라. 누
가 그 비싼 자석요를 몇 번이나 재구매하겠는가?

02

네트워커의 소득은
어디에서 오는가

역사는 소수가 바꾼다. 자유도 소수만이 얻는다. 길들여진 대로 남들과 똑같이 생각하고 살면 편하기는 해도 자유를 얻기는 힘들다.

영화 〈백 투더 퓨처back to the future〉에서 주인공은 미래로 가서 경마를 하고 돌아온다. 몇 번 말이 1등이 되는지를 보고 현재로 놀아온 그는 경마장에서 큰돈을 번다. 답을 알고 시험을 보는 것과 같다.

어떤 문제가 나올지 알고 시험을 치면 어떻게 될까? 오늘 내린 결정이 어떤 결과가 나올지 미리 알 수 있다면? 로또 당첨번호를 미리 알 수 있다면 어떤 일이 벌어질까?

이미 앞에 와 있는 기회를 잡는 건 내 몫이다.

유통이 변화하고 있다. 시간이 흐를수록 많은 사람들이 네트워크 방식을 통해 시장을 본다면 그곳에서 기회를 잡아야 하지 않을까? 돈이 있는 곳에 기회가 있다.

유능한 사냥꾼은 맹수의 뒤를 쫓지 않고 길목을 지킨다. 돈을 쫓지 말고 유통의 길목을 지켜라. 지금부터 준비해서 유통의 길목을 지켜라. 사람들이 당신이 지키는 길목을 지나갈 때마다 당신에게 소득이 생길 것이다. 답을 가르쳐주는데도 시험을 망친다면 정말 어리석은 일이다.

(1) 소득의 원천

억대의 연금소득을 누리는 네트워커를 보면서 '부당한 방법으로 만들어진 돈은 아닐까?' '나에게 올 돈을 그들이 뺏어가는 것은 아닐까?' 하고 부정적으로 생각하는 사람도 있다.

과연 그럴까? 네트워커들의 소득은 어디에서 오는지 알아보자.

우리가 늘 이용하는 대형 할인마트에서 판매되는 상품에

는 광고·유통비가 얼마나 들어갈까? 당연히 엄청난 금액이 광고·유통비로 책정되어 있다. 또한 그 비용은 제품가격에 그대로 반영된다. 광고·유통비 외에도 이자비용, 일반 관리비, 종업원 임금, 세금 또한 제품가격에 더해진다.

만약 우리가 광고나 유통 비용 없이 제조사로부터 직접 제품을 받는다면 가격이 얼마나 내려갈지 생각해 보자. 2차 공산품의 경우 원가에 마진을 더한 가격은 제품가격의 20퍼센트 정도를 차지하고, 광고·유통비와 소매 마진이 제품가격의 80퍼센트를 차지한다.

재래 유통에서는 집 근처 상점이나 재래시장에서 제품을 구매했다. 공장에서 완제품이 나와 여러 유통 단계를 거치면 거칠수록 가격이 오른다. 1993년, 창동 프라이스클럽을 시작으로 우리나라에도 대형 할인마트가 들어서기 시작했다. 총판·도매·소매 등의 유통 단계를 하나로 축소한 것이 대형 할인마트다. 소매점에서 1000원 하는 제품을 대형 할인마트에서는 내내 700원 정도에 판매한다.

대형 할인마트의 제품은 제품의 질이 썩 좋지 않고 물건을 대량으로 구매해야 하는 단점이 있음에도 불구하고 소매점에 비해 가격이 싸고 상품이 다양하기 때문에 사람들은 대

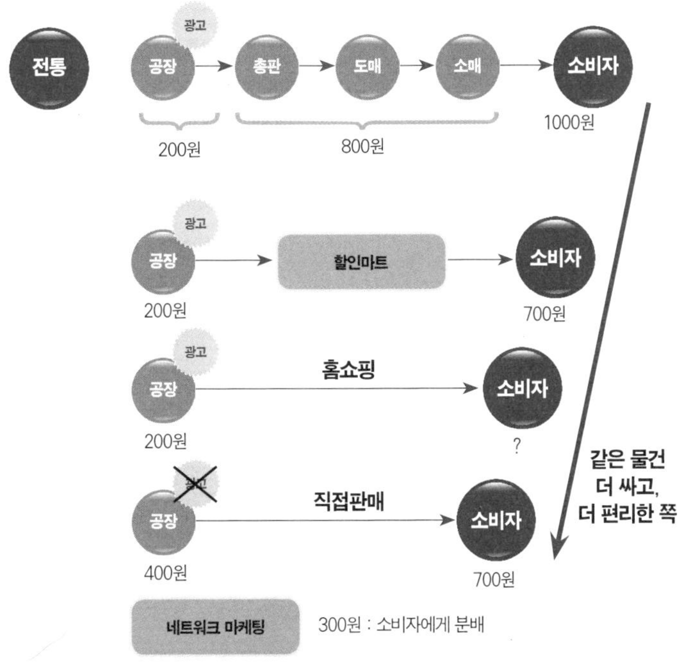

형 할인마트를 찾는다. 그렇다고 집 앞 소매점의 장점이 없는 것은 아니다. 가격이 비싸더라도 집 앞 소매점을 이용하는 이유는 가깝고 편리하기 때문이다. 대형 할인마트는 저렴한 것이 장점이고, 집 근처 소매점은 편리한 것이 장점이다.

재래 유통의 편리함과 대형 할인마트의 저렴함이라는 두 가지 장점을 가진 유통이 사이버 쇼핑, 즉 인터넷 홈쇼핑이다. 할인마트까지 차를 몰고가지 않아도 되고, 내 생활공간에서 편한 시간에 장을 볼 수 있다. 게다가 사이버 쇼핑에는 가격을 비교할 수 있는 사이트도 있다. 같은 제품을 가장 싸게 판매하는 사이트를 검색해주는 기능까지 제공하는 것이다.

사이버 쇼핑 초기 단계에서는 광고와 달리 제품의 품질이 낮거나 개인 신용정보 유출 등의 문제가 발생하기도 했다. 하지만 최근 인터넷 홈쇼핑 시장은 연간 1000퍼센트 이상 성장세를 보이며 급성장하고 있다. 20~30대는 물론, 학생인 10대까지 이제는 인터넷 홈쇼핑에서 제품을 구매하는 것이 매우 익숙한 세상이 됐다. 그들이 경제 주체가 될 미래에는 인터넷 홈쇼핑 시장이 더 무섭게 성장할 것이다.

사이버 쇼핑이 주가 되면 유통의 헤게모니를 소비자가 갖는다. 유통 변화에 따라 유통의 헤게모니가 생산자에서 유통업자로, 유통업자에서 다시 소비자로 옮겨가는 것이다.

네드워크 마케딩은 마일리지 캐시백 인터넷 쇼핑이나.

공동구매의 장점을 알 것이다. 네트워크 마케팅은 모든 제품을 평생 공동구매하자는 것이다.

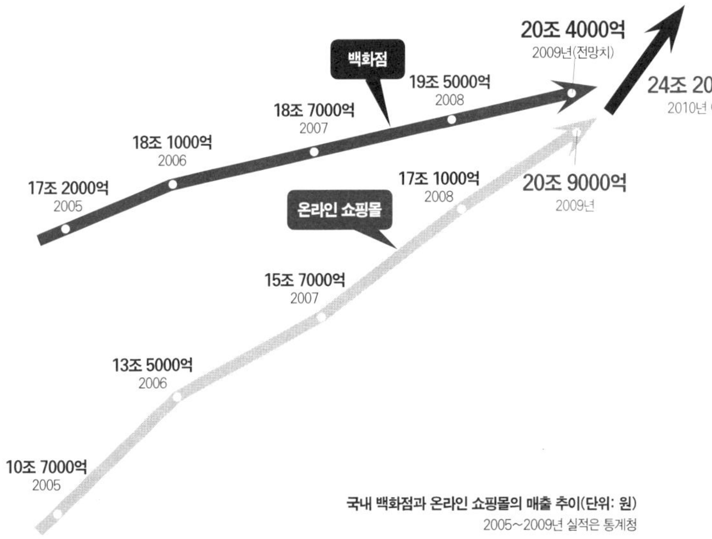

(2) 새로운 기회, 직접판매

광고와 일반 유통을 하지 않고 생산자가 직접 소비자에게 제품을 공급하는 유통이 직접판매다. 일반 유통은 간접판매 방식의 형태를 띠고 있다.

소비자가 상품을 사용하고 만족하면, 지속적인 자가 소비와 광고·유통을 해서 기존의 광고 유통업자가 받아가는 비용을 소비자가 찾아오는 것이 바로 네트워크 마케팅이다. 물류가 여러 단계를 거쳐 유통되는 일반적인 유통과 달리 정보가 여러 단계를 거쳐 전달되는 것을 멀티레벨 마케팅 또는 다단계 유통이라고 한다. 이것이 네트워크 마케팅이다.

네트워커의 소득은 소매 마진이 아니라 광고·유통비다.

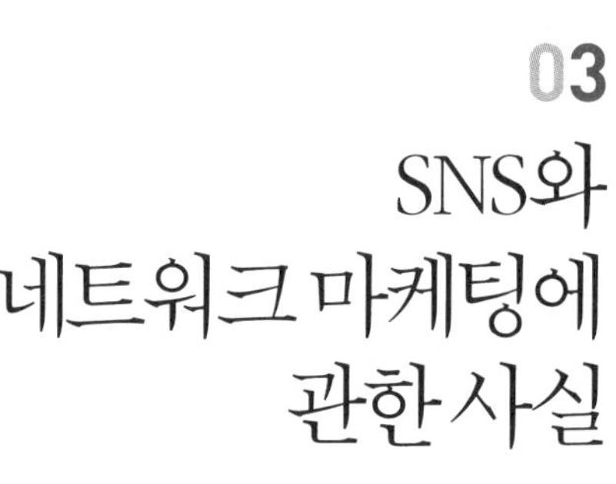

03
SNS와
네트워크 마케팅에
관한 사실

-김현종: 경제학 박사

스마트폰과 웹2.0*의 본격적인 등장에 따라 최근 각광받

고 있는 소셜네트워크서비스_{SNS: Social Network Service} 는 사실 돌

● 데이터의 소유자나 독점자 없이 누구나 손쉽게 데이터를 생산하고 인터넷에서 공유할 수 있도록 한 사용자 참여 중심의 인터넷 환경을 의미하는 것으로, 2004년 10월 오릴리미디어 사O'reilly Media, Inc.,의 대표 팀 오릴리Tim O'reilly에 의해 도입된 개념이다. 인터넷상에서 정보를 모아 보여주기만 하는 웹1.0에 비해 웹2.0은 사용자가 직접 데이터를 다룰 수 있도록 데이터를 제공하는 플랫폼이 정보를 더 쉽게 공유하고 서비스 받을 수 있도록 만들어져 있다. 웹2.0은 기술을 뜻하는 용어가 아니라 웹이 곧 플랫폼이라는 의미로, 인터넷만 있다면 어느 곳에서도 데이터를 생성, 공유, 저장, 출판 및 비즈니스가 가능하다고 볼 수 있으며 가장 대표적인 웹2.0의 대표작이 바로 요즘 세계적인 트렌드로 인정받은 UCCUser Created Content라 할 수 있다.

아보면 우리에게 그리 낯선 이야기만은 아닌 듯하다.

SNS는 사전적인 의미만으로 보자면 친구, 선·후배, 동료 등 지인들과의 관계망(네트워크)을 구축해 이들의 정보관리를 도와주는 서비스를 말하며, 좁게는 개인의 온라인 인맥관리에서부터 넓게는 사람과 사람간의 연결을 도와주고 지원하는 모든 서비스로 정의할 수 있다. 소위 접점이라고 하는 사람과 사람과의 관계로부터 출발해 다양한 공통점을 나누는 사회적 관계 또는 구조를 소셜네트워크라는 대명사로 지칭하고 있다.

한편 네트워크 마케팅이란 기존의 중간유통 단계를 배제해 유통마진을 줄이고 관리비, 광고비, 샘플비, 유통비 등 제비용을 없애 회사는 적은 비용으로 소비자에게 직접 제품을 공급하고 회원 소비자가 가격과 제조원가의 차이만큼 줄어든 비용의 일정 부분을 소비자에게 환원하는 시스템을 의미한다. 한 사람 또는 그로부터 형성된 네트워크를 활용해 상품이나 서비스의 소비를 돕는 방식으로 중산 유통 구조나 대중매체 광고비를 줄이는 대신 소비자가 곧 사업자가 되어 본인이 사용해 본 제품의 우수성을 알리는 소개마케팅 시스템이다.••

대개 네트워크 마케팅은 전문적인 세일즈맨이 아니라 보통 사람(대개는 소비자)이 하는, 소비와 사업이 병행 혹은 동행하는 방식으로 이루어진다. 그렇기 때문에 소비자 그룹이 형성되어 제품의 우수성을 기반으로 재구매가 지속적으로 일어나고 기존 소비자가 주위 사람들(잠재 소비자)에게 자신이 사용하는 제품의 우수성을 이야기하고 새로운 소비자를 소개하는 과정이 어떻게 전개되느냐가 무엇보다 중요하게 작용한다.

지나간 이야기를 조금 거슬러 올라가 보면 우리나라의 경우 SNS는 1995년 PC통신 기반 채팅 위주의 커뮤니티로부터 출발해 발전했다. 이후 PC통신에서 월드와이드웹www으로 진화하면서 이같은 소셜네트워크 환경 역시 크게 변화했다. 소규모의 사람들이 '방'의 형태로 모여서 실시간으로 이야기를 주고받던 PC통신은 보다 많은 사람들이 실시간 채팅, 웹을 통한 게시판 글쓰기와 읽기, 이메일을 통한 소통 등이 결합되는 방식으로 발전하게 된 것이다.

●● 그런 의미에서 같은 사람이 소비(지출)와 생산(비즈니스)을 함께 하기 때문에 프로슈머prosumer 라는 합성어를 사용하기도 한다.

이후 90년대 후반에는 카페 활동, 미니홈페이지, 동창/동문 홈페이지와 같이 특정한 기능과 목적이 어우러지면서 소셜네트워크서비스 환경이 강화되고 참여자가 늘어나는 경험을 하게 되었다. 2000년대 접어들면서 초기적인 수준의 SNS에 개인의 관심사, 취향, 지식, 정보 등이 결합되는 블로그의 등장과 확산이 본격화되기 시작했는데, 관심 분야에 대한 정보 공유, 비즈니스 혹은 개인적인 취미와 관심사, 공적 교육기관에서 다루지 못하거나 다루기 어려운 주제들을 꺼내어 자신의 의견과 지식을 주고받고 경험의 교환과 거래가 이루어지는 다양한 방식으로 소셜네트워크서비스가 진화하고 발전해왔다.

세계적으로 SNS에 대한 관심이 채 형성되기도 전에 싸이월드, 아이러브스쿨 등과 같은 전형적인 SNS를 앞 다투어 내놓았던 우리나라에서, 이제는 지식과 정보의 공유, 그리고 사회적 이슈와 관심사에 대한 우리나라 특유의 독특한 접근 방식의 차이로 인해 정작 요즘 화두가 되고 있는 페이스북이나 트위터와 같은 세계적인 소셜네트워크서비스로는 더 이상 발전하지 못하고 있는 것이 또한 재미있는 현상이기도 하다.

사실 조금 더 자세히 들여다보면 SNS와 네트워크 마케팅은 일견 비슷하면서도 또한 상당히 다른 측면을 가지고 있는 것을 발견할 수 있다.

초창기에 포털을 기반으로 혹은 포털에 대응하는 새로운 개념으로 출발했던 SNS는 회원수가 그 가치를 좌우한다고 인식될 정도로 회원 규모의 증가에 몰두하던 시절이 있었다. 그 점에 있어서는 네트워크 마케팅도 비슷한 양상을 띠고 있었던 것처럼 보인다. 그렇지만 지금이야 다들 익숙하게 알고 있듯이 카페의 회원수나 블로그의 열람자수보다 중요한 것이 얼마나 적극적이고 참여적으로 활동하는 사람이 많으냐가 실질적인 가치를 좌우한다.

여전히 SNS의 근간을 형성하고 있는 소셜미디어와 커뮤니케이션은 끊임없이 누군가와 소통하고 싶어하는 인간의 본성을 잘 표현한다. 나만의 비밀 공간에 일기를 간직해두던 예전과 달리, '디지털 네이티브' 세대들은 나를 알리고 싶어하고, 나의 사생활을 공유하고 싶어하고, 심사숙고하고 싶어하지 않기 때문에 SNS를 통한 소통에 자연스러울 수밖에 없다. 세계 최대 SNS 페이스북facebook이 지난 해 사용자 5억 명을 돌파하며 명실공히 지구촌을 하나로 묶는 매개체로 등장했다는 것은 지구촌 누구나가 그런 욕구를 가지고 있다는 것을 현상적으로 대변하고 있다.

발전된 SNS의 모습은 이제 단순히 IT기술을 접목한 서비스를 넘어서서 사회경제학의 모든 현상들과 융합된 서비스 형태로 발전돼 가고 있으며 그 영역을 끝없이 넓혀가고 있다. SNS가 만들어가는 생태계는 커머스와 마케팅, 미디어와 커뮤니케이션이 어울어진 형태의 대중문화로 자리매김하고 있다. 그 중에서 소셜커머스는 서로가 신뢰를 바탕으로 시장을 만들고, 그 시장들을 섭렵해 보다 구매력 있는 상품을 찾아내고 공유한다. SNS가 가져다준 사회·경제학적인 가장 큰 변화는 바로 기업이 상품의 중심에 서는 세상에서 대중이 상품의 중심이 되는 세상으로의 변화인 것이다.

국내에서는 트위터에 정치·사회·문화·경제·산업 소식이 봇물 터지듯 쏟아져 대기업들은 트위터를 통해 마케팅을 펼치고 회사 소식을 알린다. 많은 기업들은 트위터 운영을 위해 소셜미니어 남낭자를 채용하기도 했다. 두산 박용만 회장, 신세계 정용진 부회장, 소설가 이외수 등은 10만 명 안팎의 팔로어(구독자)를 보유하면서 트위터에 올린 글들이 화제가 되는 트위터 스타 반열에 오르기도 했다.

사람과 사람 사이의 연결에 의해 잊고 지내던 사람을 찾게 되고 모르던 사람을 알게 되는 것은 분명히 SNS만의 강점이고 특징이다. 그런데 재미있는 것은 최근 보도된 신문기사에 따르면 올해 미국 대학 신입생 가운데 73퍼센트가 페이스북 등 소셜네트워크서비스_{SNS}상 '친구'를 진정한 의미의 친구로 생각하지 않는 것으로 나타났다. 뉴욕의 마케팅 서비스 기관인 '미스터 유스_{Mr. Youth}'가 올해 가을학기 신입생 5000명을 대상으로 한 조사보고서에 따르면 대학 신입생들은 SNS를 통해 사진(84퍼센트), 성적 취향(69퍼센트), 관계 상태(78퍼센트) 등 상당히 개인적인 신상까지도 공유한 것으로 나타났다. 하지만 여전히 현재 거주지 주소, 전화번호나 구매제품 등에 대해서는 공유하지 않는 등 명확한 차이가 존재하는 것으로 보인다.

어떤 이들은 한때 모든 미국인들이 이용하는 T.G.I.F_{Thanks God It's Friday}를 빗대 Twitter, Google, Iphone과 함께 Facebook을 시대를 이끌어가는 컬쳐코드로 바라보고 있다. 이와 같은 새로운 컬쳐코드인 SNS의 특성은 개방성이다. 사회적 계급과 국경을 무의미하게 만들어 누구나 온라인상에서 친구가 될 수 있다. 대표적인 SNS 페이스북의 성공과 인기 비결도 누구나 원하는 상대를 마음대로 선택할 수 있다는 것에서 찾을 수 있다. 다른 한편으로는 이와 같은 접근성과 개방성 때문에 사회적인 물의를 빚거나 저급한 관심사의 확대와 SNS의 질적 수준 저하 등을 우려하기도 한다.

반면에 강남, 홍대, 신촌 등 익숙한 서울 지명에 다양한 경험과 정보가 담겨 있는 수많은 블로그나 트위터 상의 맛집 리뷰 덕분에 모니터 앞에 앉아서도 홍대 맛집이 어디 있는지, 가장 맛있는 메뉴가 무엇인지, 심지어 사장의 성격까지 알 수 있을 정도로 SNS는 기존 미디어가 다루지 못했던 영역을 적절히 메우며 자리잡아가고 있다. 더구나 이미 2000만 명을 돌파한 스마트폰 사용자의 증가와 맞물려 앞으로 더 많은 텍스트와 이미지, 동영상 등의 정보가 SNS를 통해 공유될 것이다. 물론 주관적 경험에 기초한 정보로 인해 발생하는 오해는 SNS의 확산과 함께 끊임없이 문제점으로 거론되겠지만, SNS는 끊임없는 변화와 발전을 통해 정보의 공유를 간편하게 하고 그러한 정보가 공유되는 과정을 통해 기름칠이 칠해지고 윤기가 더해지며 매끈하게 굴러갈 것으로 기대하기도 한다.

네트워크 마케팅의 경우에도 SNS와 마찬가지로 네트워크의 개방성을 중시하여 누구나 어렵지 않게 참여할 수 있다. 그렇지만 특정 소비자로부터 시작되어 형성된 소비자 그룹 전체에서 유통되는 제품에 대해 수입이 결정되기 때문에, 회원을 아무리 많이 가입시켜도 소용없고, 그 회원들이 제품을 애용하고 자신의 지식과 정보, 그리고 경험을 공유하는 사람이 늘어나고, 애용하고 소개하는 활동이 얼마나 반복되고 축적되느냐에 따라 가치의 높고 낮음이 판가름된다. 어찌 보면 사람들이 네트워크 마케팅과 비슷한 것으로 오해하고 있는 피라미드 판매 방식이야말로 가입비 징수, 강제 구매 유도, 하위 판매원 확보 의무, 환불 불가 등 조건을 붙임으로써 회원 수가 곧 수입을 결정하는 불법적인 방법에 의해 그 가치가 유지된다.

자발적이고 합리적인 의사결정에 의해 이루어지는 네트워크 마케팅은 '연결은 네트워크로 이루어지고 연결의 정도에 따라 크기나 규모가 결정되지만, 가치는 자율성과 합리성에 기초한 반복과 축적에 의해 창출된다'는 것이 피라미드식 판매와 근본적으로 다른 점이다.

일반판매의 경우에는 자기가 직접 많이 팔아야 수입이 생기기 때문에, 대부분의 사람들이 판매를 통해 발생하는 마진으로부터 수익을 취한다는 통상적인 사고●●●에 바탕을 두고 있다. 따라서 네트워크 마케팅에서도 많은 수입을 올리기 위해서는 아는 사람이 많거나 언변이 뛰어나 관심 있는 상대방을 잘 설득하는 사람이 유리하다고 생각한다. 실상은 일반판매의 경우에도 아는 사람부터 안면으로 팔고 난 후 모르는 사람에게 판매를 해야 하는 상황에 이르면 벽에 부딪혀 그만두거나 지속하더라도 이 벽을 뛰어넘는 것이 그리 쉽지는 않다.

오히려 네트워크 마케팅은 그와 같은 어려운 점을 극복한 시스템으로서 그 가치를 가진다고 할 수 있는데, 지식과 경험을 공유하기 위한 교육 시스템, 경험의 피드백을 통해 더 나은 방법을 찾고자 하는 카운슬링(상담) 시스템, 온라인과 오프라인에 의한 참여와 공유를 통해 체계적으로 그러한 어려움을 극복하도록 도와준다. 그런 이유로 성공적인 시스템은 교육하고 상담하고 참여하고 공유하기 위해 필요한 대면적face-to-face 접촉 과정을 반드시 가지고 있어야 한다.

●●● 이러한 사고를 '제대로 알지 않고 자신의 경험과 식견을 기준으로 앞서 판단한다'는 의미에서 흔히들 선입견이라고 한다.

그렇다면 '소비참여형 비즈니스', '커뮤니케이션 비즈니스'로도 불리는 네트워크 마케팅이 SNS와 다른 점은 무엇일까?

어쩌면 그 해답은 지금까지 이야기된 내용에서 자연스럽게 그리고 어렵지 않게 찾을 수 있을 것이다. 연결과 소통을 기반으로 한다는 점에서는 SNS와 공통의 출발점을 가지는 네트워크 마케팅은 소비자와 소비자가 연결되고, 그렇게 만들어진 소비자 그룹이 지리적·공간적 한계를 초월하는 '개방성의 힘'을 가진다는 것은 SNS와 상당히 비슷하다. 더구나 그 가치가 단순히 회원수나 규모가 아니라 참여와 공유의 적극성과 활동성에 의해 좌우된다는 점에서 전혀 다르지 않아 보인다.

그렇지만 대면접촉에 의한 보다 깊이 있는 소통, 그리고 반복과 축적에 의해 네트워크의 생명력이 불어넣어진다는 점에서는 SNS와는 판이하게 다른 측면이 있다. 싸이월드와 아이러브스쿨이 글로벌 성공에 이르지 못하고 페이스북을 통해 만들어진 친구를 진정한 친구로 생각하지 않는 것이 SNS가 지니고 있는 근본적인 문제인지 아니면 해결해야 할 과제인지를 논할 생각은 없다.

알고 있던 사람을 통해 알지 못하던 사람과의 연결을 지향

〔네트워크 마케팅과 SNS 비교〕

구 분	네트워크 마케팅	소셜네트워크서비스
기본 특성	개방적	개방적
네트워크 형성	지인간의 연결과 소개	지인간의 연결과 소개
성장의 원리	수평·수직의 조화, 참여와 공유	수평적 참여와 공유
기반 시스템	교육, 상담, 복제, 축적	SNS사이트, 웹2.0
운영의 원리	오프라인 기반, 온라인 활용	온라인 기반, 오프라인 활용
핵심 성공요인	대면접촉, 지식·경험의 전달	참여의 활동성, 관심사의 다양성
해결 과제	성장속도를 높이기 위한 노력 불법 피라미드/다단계 판매에 대한 오해	관계의 밀도와 깊이 저급한 관심사의 확대/ 질적 저하

하는 SNS는 개방성과 접근성이 주된 초점이고, 진정 가치 있는 관계의 형성은 지금의 SNS가 지향하는 바가 아니거나 디지털 네이티브 세대들이 원하는 것이 아닐 수도 있다. 다만 분명한 것은 성공적인 네트워크 마케팅의 지향점은 바로 관계의 개방성, 소통의 밀도, 그리고 그러한 것들이 어우러진

행위의 반복과 축적에 맞춰져 있다는 것이다. 그래야만 규모
(성장성)가 커지면서도 가치(수익성)도 함께 성장하는 의미 있
고 가치 있는 관계(네트워크)도 만들어질 수 있기 때문이다.

참고문헌

《BUDDHA 가르침》, 붇다 팔라, SATI SCHOOL, 2009년 12월.

《건강 관리 혁명》, 폴 제인 필저Paul Zane Pilzer, 김성철 옮김, 아이프렌드, 2002년 12월.

《그들이 말하지 않는 23가지》, 장하준, 김희진 · 안세민 공역, 부키, 2010년 11월.

《택시》, 할레드 알하미시, 허진 역, 열린책들, 2011년 5월.

〈한국인의 자녀양육 책임한계와 양육비 지출 실태〉, 김승권, 《보건 · 복지 Issue & Focus》제68호, 한국보건사회연구원, 2010.

Questions are the Answers, Allan Pease, Orion Media, 2002.